本丛书得到何东先生独资赞助

This series of books is financially supported exclusively
by Mr. Eric Hotung.

20世纪中国文物考古发现与研究丛书

古代帛书

刘国忠／著

文物出版社

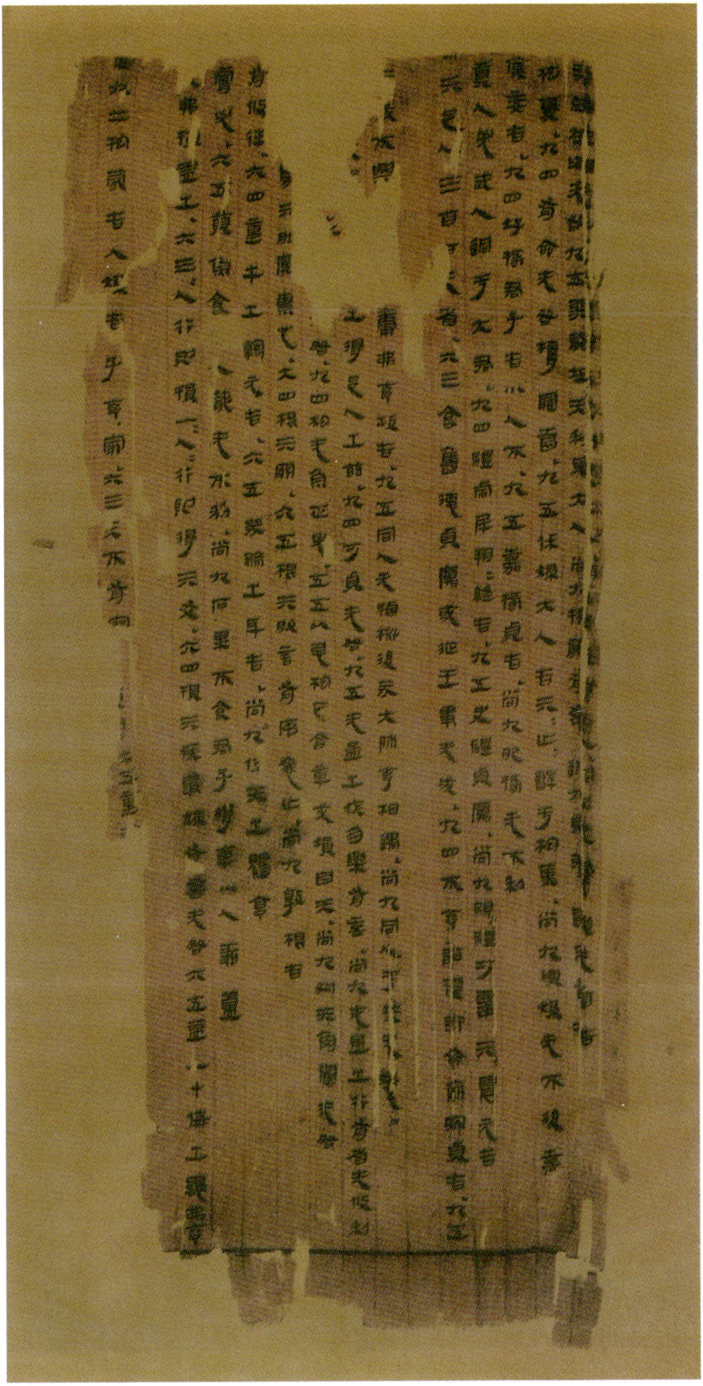

一　帛书《周易》局部（引自《中国考古文物之美》）

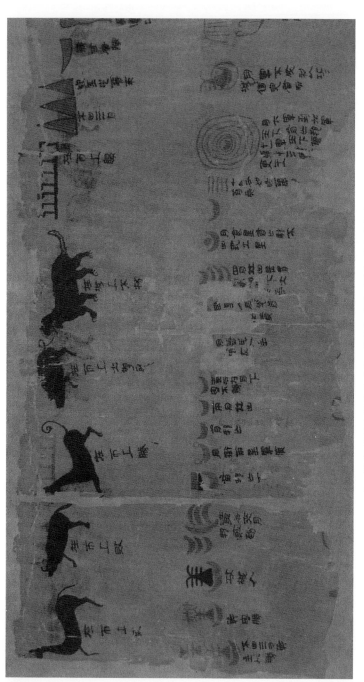

二　帛书《天文气象杂占》（引自《马王堆汉墓文物》）

三　帛书《社神图》（引自《中国考古文物之美》）

四　帛书《导引图》复原图（引自《中国考古文物之美》）

20世纪中国文物考古发现与研究丛书

序 / 张文彬

  俗称"锄头考古学"的田野考古学的诞生以及中国考古学学科体系的基本完善，由此而引起的古物鉴玩观赏著录向科学的文物学的转变，是20世纪中国学术与文化界的大事。它从材料与方法两个方面彻底刷新了持续了数千年之久的中国古代史学传统，不但为中国学术界和文化界开拓出更加广阔的研究天地，也为一切关心中华民族悠久历史和灿烂文明的人们不断地提供了可贵的精神滋养和力量源泉。

  仰古、述古、探古，进而考古，向来为我国传统文化中一个明显的学术特点。先秦时期诸子百家发其端，汉代司马迁撰写《史记》，北魏郦道元作注《水经》。他们对相关的遗迹遗物，尽可能地做到亲自考察和调查，既能辨史又可补史。这种寻根追源的治学态度，为后世学术上的探古、考古树立了榜样。此后，山河间的访古和书斋式的究古相继开展，特别是对古器物的研究，成了唐、宋时期的文化时尚。不少学者热衷于青铜铭文、碑刻、陶文、印章等古文字的考释，进而有了对器物的辨伪鉴定、时代判断、分类命名等，逐渐兴起了一门新的学问——金石学，涌现出许多著名的古器物鉴赏家和收藏家。只是囿于当时的历史条件，金石学家们无法了解所见文物的出土地点和情况，也难以涉及史前时代漫长的演进历程，因而长期以来始终脱离不了考证文字和证经补史的窠臼。即使如此，他们的艰辛努力和取得的成绩，还是为推动我国传统文化的发展起到了积极作用，并且在事实上也为中国考古学和中国文物学的起步铺设了最早的一段道路。

20世纪初，近代考古学由西方传入。中国学者继承金石学的研究成果，学习并运用西方考古学方法，开始从事田野考古，通过历史物质文化遗存，探寻和认识古代社会，揭示人类社会发展规律。早在1926年，中国学者就自行主持山西南部汾河流域的调查和夏县西阴村史前遗址的发掘。随后，我国学者同美国研究机构合作，有计划地发掘周口店遗址，发现了北京猿人。从1928年起至1937年，连续十五次发掘安阳殷墟遗址，取得了较大收获，引起了国内外学术界的重视。自20世纪50年代以后，随着国家大规模经济建设的进行，田野考古勘探、调查和科学发掘工作在全国范围内蓬勃有序地开展，许多重要的典型遗址和墓地被揭露出来，重大发现举世瞩目。它们脉络清晰，层位分明，文化相连，不仅弥补了某些地域上的空白，而且衔接了年代上的缺环，为研究中国古代史、文化史、科学史以及其他学科领域，提供了珍贵、丰富的实物资料，极大地影响着人文社会科学诸多学科专业的研究与发展。这段时间被学术界称为中国考古学的黄金时代。在马列主义理论指导下，具有中国特色的考古学理论体系和方法论逐渐形成。有关研究成果不仅极大地改变和丰富了人们对中国文明起源、中国古史发展等重大问题的认识，同时也扩展了中国文物的研究领域和研究方式。可以说，考古学的发展与进步，直接影响到文物学的形成与发展，而且影响到全社会对文化遗产重要作用的认识以及世界学术界对中国古代文明的重新认识。

从 20 世纪 80 年代开始，文物界就中国文物学的创立，逐渐取得共识，在共同探讨的基础上，初步形成了学科体系。不少学者发表了有关论文，出版了专著，就文物的历史价值、科学价值、艺术价值以及在社会主义的物质文明与精神文明建设中如何对文物进行有效保护、合理利用发表意见。这些研究成果已获得学术界的赞同。

在这世纪之交和千年更替之际，对中国考古学和中国文物事业作一次世纪性的回顾和反思，给予科学的总结，是许多学者正在思考和研究的问题。如果能通过梳理 20 世纪以来重大发现和研究成果，透视学科自身成长的历程，从而展望未来发展的方向，以激励后来者继续攀登科学高峰，无疑是一件很有意义的事。为此，经过酝酿、商讨和广泛征求意见，我们约请一批学者（其中有相当多的中青年学者）就自己的专长选择一个专题，独立成篇，由文物出版社编辑出版一套《20 世纪中国文物考古发现与研究丛书》，并以此作为向新世纪的献礼。

从某种意义上说，《20 世纪中国文物考古发现与研究丛书》是一套学科发展史和学术研究史丛书。其内容包括对 20 世纪考古与文物工作概况的综合阐述；对一些重要的考古学文化和古代区域文化研究情况的叙述；对文物考古的专题研究；对重要的文物考古发现、发掘及研究的个例纪实。

此套丛书的内容面广，而且彼此关联。考虑到各选题在某些内容上难免会有重叠或复述，因此在编撰之初，我们要求各选题之间互有侧重，彼此补充，以期为读者了解 20 世纪中国考古学和文物学的发展提供更多的视角。

我国的文物与考古工作，虽在 20 世纪得到了迅速发展，但仍有许多重大学术问题需要进一步探索。我们主持编辑这套丛书，除了强调材料真实，考释有据，写作态度严谨求实外，也不回避以往在工作或研究上曾经产生的纰漏差错和不足之处，以便为今后的工作和研究提供借鉴。虽然我们尽了很大努力，但限于水平，各篇仍很难整齐划一。由于组稿和作者方面的困难和变化，一些计划之中的题目也未能成书。这些不周之处，敬请专家、学者和广大读者批评指正。

在丛书编印过程中，我们得到了文物、考古界的广泛支持。何东先生在出版经费上给予了热情帮助。在此，一并深表感谢。

2000 年 6 月于北京

目　　录

插 图 目 录

前言

帛，或称缣帛，系丝织物的总称。帛书也叫缯书，是中国古代以丝织品作为记录知识载体的文字资料，因为帛一般是白色的，故又有素书之称。

中国是世界上最早发明丝织技术的国家。在中国曾经流传着许多有关养蚕织帛的神话传说，其中以伏羲氏化蚕桑为绵帛和西陵氏之女（黄帝的元妃嫘祖）始教民育蚕治丝，以供衣服流传最广，影响也最大。这些神话传说表明了中国丝织历史的久远。

20 世纪以来的考古成果也充分印证了中国养蚕织帛的漫长历史。1926 年春，清华学校（即清华大学的前身）在李济的主持下，曾组织考古团赴山西夏县西阴村考古发掘，这是中国人自己进行的第一次成功的田野考古工作。当时李济所率考古团挖掘的是一处距今五六千年的仰韶文化遗址。在出土的众多遗物中，最引人注目的是一个经锐器切割成一半的蚕茧壳，茧壳长约 1.36 厘米，宽约 1.04 厘米，上部被锐利的刀刃切去。这个茧壳虽然已经有些腐坏，但是仍旧发光。后来李济将它带到美国化验，证实确是蚕茧。该遗址同时还出土了一些陶制的或石制的纺轮残片。这些遗物轰动了当时的学术界，也为人们研究丝绸起源提供了具体物证[1]。1958 年发掘的浙江吴兴钱山漾新石器时代遗址中也出土了一批距今四千七百多年的丝织品，其中有平纹残绸片、蚕丝编的丝带，以及用蚕丝纺捻而成的丝线。另外，1984年河南荥阳还出土过我国北方丝麻织品的最早实物——一些平纹组织物和组织稀疏的浅绛色丝织罗。这些发现充分证明，中国早在新石器时代中期就已开始养蚕织帛，而且当时生产丝绸的地区已经比较广阔，在黄河流域和长江流域均有分布。

不过，虽然中国养蚕织帛具有悠久的历史，但显然都是将之用来制作衣物，中国究竟是从何时开始用帛书写文字，至今仍是一个不易说清的问题。

我们知道，商代已经有了刻在甲骨上的甲骨文和铸于铜器上的金文，不过甲骨文和金文并不是当时真正意义上的书籍[2]，当时真正通行的书写材料应是竹和木简。《尚书·多士》言："唯殷先人，有册有典。"这里的"册"字在甲骨文中就像是竹木简编组成册之形，"典"字则是将"册"放于书架上的情形。这确切证明，商代已有简册，这些简册才是当时的主要书写材料，而甲骨文和金文则是因特殊需要而书写的文字。

丝帛什么时候用作书写材料，目前尚难考定。不过，从文献记载来看，至迟在春秋时期已经出现帛书。《晏子》外篇卷七云："景公谓晏子曰：'昔吾先君桓公予管仲狐与穀，其臣十七，著之于帛，申之以策，通之诸侯，以为其子孙赏邑'。"我们知道，齐景公和晏子是公元前6世纪至前5世纪的人物，而齐桓公、管仲则是春秋早期的活跃人物，本篇文字称齐桓公赐给管仲两块地一事曾经"著之于帛"，如果此言可信的话，那么在公元前7世纪时就已经出现帛书。另外，《论语·卫灵公》中有"子张书诸绅"的记载，而《周礼》卷三十《司勋》中则说："凡有功者，铭书于王之大常。"这里的绅、太常皆为缣帛之类的织物。又，《土丧礼》言："为铭各以其物（郑注：杂帛

为物），亡则以缁。"《国语·越语》则曰："越王以册书帛"[3]，
也可证春秋时期帛书的存在。《墨子·明鬼》篇说："古者圣王，
必以鬼神为其务，又恐后世子孙不能知也，故书之竹帛，传遗
后世子孙。……"墨子是战国早期的思想家，成语"书于竹
帛"即源自他的这篇论述，它反映了当时简册和帛书并行的情
况。又如《韩非子·安危篇》亦有"先王致理于竹帛"之语。
有鉴于此，王国维曾指出："帛书之古见于载籍者，亦不甚后
于简牍。……以帛写书，至迟亦当在周季"[4]。应该说王氏的
这一见解是很有见地的。

到了秦汉时代，有关帛书的记载就更为丰富了，仅以《汉
书》为例，书中即有秦汉时代有关帛书的诸多记述：

陈胜、吴广起义时，为了在众人中树立威信，"乃丹
书帛曰：'陈胜王'"（《汉书·陈涉传》）。

刘邦起义时，为了策动沛县城中百姓，"乃书帛射城
上"（《汉书·高帝纪》）。

秦始皇焚书坑儒，但《诗》却未遭损失，究其原因，
《汉书》谓为"以其讽诵，不独在竹帛故也"（《汉书·艺文
志》）。又，《汉志》历谱类载《耿昌月行帛图》232 卷）。

匈奴拘扣苏武，向汉使诡称苏武已死，汉使遂以"天
子射上林中，得雁，足有帛书"加以斥责，匈奴信以为
真，只好释放苏武（《汉书·苏武传》）。

根据学者们的意见，汉成帝时，刘向、刘歆父子为皇室整
理图书，往往是先把文字的初稿写在竹简上，改定以后，再写
上缣帛[5]（见《太平御览》卷606所引应劭《风俗通义》："刘
向为孝成皇帝典校书籍二十余年，皆先书竹，改易刊定，可缣
写者以上素也"）。可惜汉代的书籍在西汉末年的王莽之祸和东

汉末年的董卓之乱中受到重大损失，特别是在董卓之乱中，皇室图书遭到董卓士兵的大肆抢掠，"其缣帛图书，大则连为帷盖，小乃制为縢囊"（《后汉书·儒林传上》），这些帛书遭到这样的破坏，实在是令人痛心。

帛书在先秦秦汉时期的使用情况大致如上所述。人们之所以用帛来书写，是与帛的特点密切相关的。与简册相比，帛书具有许多优点，它可以免除简册容易散断错混的弊病，其质地又柔软平滑，易于运笔及舒卷，分量还很轻，便于携带。帛的另外一项用途是用来画图。这些方面都是简册所不可企及的。不过用帛书写，不足之处也很明显。帛上面的文字一经写定，就不好像简牍那样随意删改了。更为重要的是，帛是很贵重的丝织品，价格较高，不易获得，从而限制了它的使用[6]。总的来说，帛要比简册方便，但帛价也比竹木贵重，因而不能像简册那样普遍使用。

汉代发明造纸术之后，纸很快便取代了简册和帛书而成为更为流行的书写材料。帛书虽然在魏晋时期还间或使用[7]，但已经逐渐退出了历史舞台。

帛书和其他丝织品一样，在地下不易保存，因而历史上并未见有确切记载。帛书的情况在人们心目中一直是个不解之谜。只是在进入 20 世纪之后，我们才有幸见到帛书原物。

1908 年，英国人斯坦因（A. Stein）第二次到中国西部进行探险活动时，曾在敦煌发现两封帛书信件（图一），这两封信件保存还较为完好。两封信都发自一人，可能是驻山西北部成乐地方的官员致书敦煌边关某人的信，其内容主要是抱怨通信困难。其一约 9 厘米见方；另一长 15 厘米，宽 6.5 厘米。另外，斯坦因在敦煌附近还发现一件未经染色的素帛，一面载有一行二十八字，文云："任城国亢父，缣一匹，幅广二尺二寸，长四丈，重廿五两，直钱六百一十八"；另一面印有黑墨印章（图二）。这些材料后来都收录在罗振玉与王国维所编《流沙坠简》一书中，罗、王二氏还对它们进行了考释，如对前两封书信的考释云：

> 右二书写于缣上。按：汉时书记大抵用木，所谓尺牍皆是也。唯《汉书·高帝纪》："书帛射城上"，《苏武传》："天子射上林中，得雁，足有系帛书"，古诗："呼儿烹鲤鱼，中有尺素书"，则简牍之外，亦兼用帛作书。今此编汉人书记二十余通，皆用简牍，其用帛书者唯此而已。此二书时代，尚在西汉之末（下略）[8]。

图一　斯坦因发现的帛书（一）（引自《流沙坠简》）

对于后一件载有零星文字的素帛，《流沙坠简》考释云：

> 任城国，章帝元和元年建，冗父，其属县也。缣者，《说文》云："并丝缯也，幅广二尺二寸，长四丈者"。此古代布帛之通制。《汉书·食货志》："太公为周立九府圜法……布帛广二尺二寸为幅，长四丈为匹"。……《淮南·天文训》："四丈而为匹"，则汉时布帛修广亦用此制也。"直钱六百一十八"者，亦汉时缣价，《风俗通》所谓"缣直数百钱，何足纷纷"者也。又考《后汉书·光武十王传》："顺帝时，羌虏数反，任城王崇辄上钱帛，佐兵费。"故任城国之缣得远至塞上欤？[9]

除了上述材料外，解放前发现的敦煌文物中还有二片织造精致的素帛，其一上有深黑色梵文铭，可证明古时中国与印度和中亚有丝帛贸易。1930 年，在罗布淖尔古墓中也发现一件丝帛残片，乃公元 2 世纪之物，右角有十个 Kharosthi

图二　斯坦因发现的帛书（二）
　　　（引自《流沙坠简》）

图三　居延出土的汉张掖都尉棨信
（引自《长城》）

文字[10]。

1973 年，甘肃居延考古队在居延肩水金关遗址发现一件棨信，这件棨信为红色织物，长 21 厘米，宽 16 厘米，上边有系，正面墨书"张掖都尉棨信"六字（图三）。原件保存良好，字迹清晰，据简报言应为西汉晚期遗物。棨信即信幡，是一种旌旗，其作用是作为符信用来传令启闭关门的[11]。

1979 年，在敦煌马圈湾汉代烽燧遗址还出土了一件帛书，据报道，帛作长条形，长 43.4 厘米，宽 1.8 厘米。它的左侧是毛边，右侧边缘较整齐，上端作半弧形，下端平直。帛上有一行墨书，是绢帛染成红色后再写上去的，内容是："尹逢深，中鸮左长传一，帛一匹，四百卅乙铢币，十月丁酉，亭长延寿，都吏稚，钤"[12]。

1990 年 10 月至 1992 年 12 月，甘肃省文物考古研究所对甘肃甜水井附近的汉代悬泉置遗址进行全面清理发掘，获得了以简牍文书为主的大量文物。其中帛书有十件，均为私人信札，用黄、褐两色绢作为书写材料。其中编号为 II90DXT01143:611 的帛书信件（图四）为黄色，长 34.5 厘米，宽 10 厘米，保存最为完整。整件帛书为竖行隶书，共十行，三百二十二字。信中除问候祝福语外，也有诉说边塞辛苦

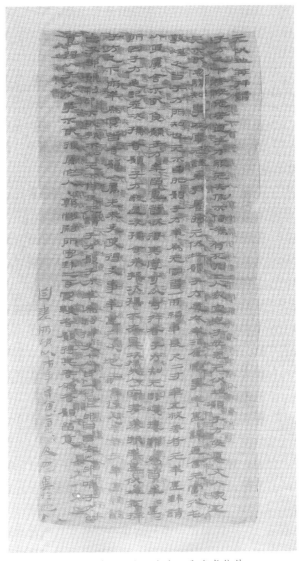

图四　敦煌悬泉置出土汉代帛书信件

(引自《文物》2000 年第 5 期)

的内容和从内地代为买物寄与敦煌的日常小事，通过这些信件可以了解当时敦煌与内地的交往以及居驻在边塞的人们的生活状况。

不过，总的来说，上述这些帛书材料显得比较零散。另外，如果从内容来看，它们也还不是真正意义上的书籍。到目前为止，真正属于书籍的帛书总共出土了两批，均出土于湖南省长沙市附近，一批是 20 世纪 40 年代出土的楚帛书，还有一批是 20 世纪 70 年代出土的马王堆帛书。

长沙是一座具有悠久历史的文化名城，它濒临湘江，依山傍水，有着良好的地理条件，早在新石器时代就已经有人在此生息繁衍。先秦时，长沙是战国七雄之一楚国的经济文化重镇，秦朝时为长沙郡的郡治。西汉初年，刘邦大封诸侯，长沙又成为长沙国的都治，经济、文化得到进一步的开发和发展。频繁的历史活动给长沙留下了丰富的文化遗存。这其中，楚帛书和马王堆帛书的出土，不仅使我们见到了中国古代真正意义上的帛书书籍，而且对于汉字发展史、中国美术史、中国书法史、中国科技史和历史文献学等学科领域的研究产生了重大影响，许多学科也因帛书材料的出土而不得不重新改写。面对这些前人无法看到的珍贵文献资料，学者们倾注了大量心血，对帛书进行多角度、多层次的研究和探索，写下了数以百计的学术论著。当前，对于帛书的研究，业已形成一个专门的学科，随着时间的推移，帛书的意义和作用势必将越来越多地被人们认识和发掘。

在本书以下的篇幅里，我们将集中讨论长沙楚帛书和马王堆帛书的发现、整理与研究情况，对于以往的学术研究做一学术史方面的总结，不当之处，敬请指正。

注　释

［1］ 见李光谟编《李济与清华》的《西阴村史前遗址的发掘》和《西阴村史前的遗存》等文，清华大学出版社 1994 年版。

［2］ 李学勤《古文字学初阶》第 53 页，中华书局 1988 年版。

［3］《越绝书》十三则有"越王以丹书帛"之语。

［4］ 王国维《简牍检署考》，《王国维遗书》第六册，上海书店 1983 年版。

［5］《后汉书·蔡伦传》："自古书契多编以竹简，其用缣帛者谓之为纸。缣贵而简重，并不便于人。"《方言》一书所收扬雄写给刘歆的信中也对帛书有所讨论。

［6］ 同［5］。

［7］ 见钱存训《印刷发明前的中国书和文字记录》第六章《帛书》第 80 页，印刷工业出版社 1988 年版。

［8］ 罗振玉、王国维编著《流沙坠简》第 226 页，中华书局影印本 1993 年版。

［9］ 同［8］第 186 页。

［10］ 上述情形见钱存训《印刷发明前的中国书和文字记录》第六章《帛书》第 81 页，印刷工业出版社 1988 年版。

［11］ 李学勤《谈"张掖都尉棨信"》，《文物》1978 年第 1 期。

［12］ 见甘肃省博物馆、敦煌县文化馆《敦煌马圈湾汉代烽燧遗址发掘简报》，《文物》1981 年第 10 期。甘肃省文物考古研究所《敦煌汉简》，中华书局 1991 年版。陈松长《帛书史话》，中国大百科全书出版社 2000 年版。

一

楚帛书的发现与研究

楚帛书是我国近代以来最早出土的真正可以称得上是简帛书籍的一批重要文献。楚帛书的发现距离现在已经有半个多世纪了，在这半个多世纪中，关于楚帛书本身，海内外曾流传着种种不同的说法，而楚帛书实物则长期收藏于美国的博物馆中秘不示人，这就给它披上了一层神秘的面纱。随着时间的推移和中外交流的深入，有关楚帛书的种种问题正在逐渐得以澄清。以下我们根据学者们对于楚帛书的调查和研究情况，对楚帛书的发现与研究过程进行综述。

（一）楚帛书的发现

楚帛书重现世间的时间是在 1942 年 9 月[1]，一群"土夫子"（解放前长沙人对盗墓者的称呼）在湖南省长沙市东南郊一个名叫子弹库的地方（位于现在湖南省林业勘查设计院内）挖开了一座古墓。这座墓葬是长沙特有的所谓"火洞子"墓（据说在盗掘时，曾有大量带硫磺气味的气体冒出，用火柴燃点，火焰曾高达数尺）。盗墓者进入墓中后，从墓中取走了漆盘、铜剑、木剑鞘、木龙、陶鼎、陶壶、陶篦等随葬品，另外还取走了一个竹篾编成的书箧，关于这件竹篾（或称竹笈）的情况，蔡季襄在《晚周缯书考》中曾附有插图，并进行了详细的描述[2]。陈梦家曾经将之概括为：

　　竹笈长 22、宽 10、高 5 厘米，内裱薄绢，其中盛了
完整的"缯书"和不少残缯断片，后者亦有朱书文字的痕
迹。[3]

　　陈梦家这里所说的盛放在竹笈内的"缯书"及残缯断片，
就是后来举世闻名的楚帛书。

　　帛书出土时是存放在竹箧里面的[4]，这与后来出土的马
王堆帛书的情况非常相似。关于帛书在竹箧中的存放情况，商
承祚后来也根据"土夫子"的回忆进行了描述[5]：

　　帛书八摺，放在一个竹匣中，匣长约二十三厘米，宽
约十三厘米，匣面盖有一方"土黄色"面有红色"印花"
的绸子，再上放着一条"三脚龙"……[6]

　　帛书由于系盗掘出土，盗墓者为了隐瞒真情，故玄其说，
曾有意隐瞒真实的出土时间和出土地点，因此在很长的时间内
给帛书的出土时间与地点造成了混乱。三十多年后，为了进一
步了解该墓的情况，湖南省博物馆在当年参加盗墓的"土夫子"
带领下，于 1973 年 5 月重新发掘了这座墓葬，从而获得了大量
珍贵的第一手材料[7]，澄清了过去关于此墓的种种传闻。

　　这座墓葬构筑在夹有大量白色斑块的网纹红土中，为一带
斜坡墓道的长方形穴墓，墓口上有厚 1 米左右的封土。墓口长
3.8 米，宽 2.72 米。墓底长 3.78 米，宽 2.46 米。墓坑深
7.42 米，四壁残留有工具痕迹。墓道宽 1.5 米，坡度为 23 度，
墓道底高出墓坑底 2.77 米。墓坑底部填有厚 0.39 米的青灰色
膏泥（当地俗称青膏泥），其上置棺椁，棺椁四周直至墓壁均
有青膏泥，厚 0.34~0.4 米，棺椁上部的青膏泥厚 0.8 米。青
膏泥黏性较大，有良好的隔绝氧气的作用。青膏泥之上直至墓
口共有 4.8 米厚的填土。

墓中棺椁共三层，即椁、外棺、内棺。椁之下有横列的两根枕木，宽 30 厘米，厚 10 厘米，两根枕木相距 1.8 米（图五）。

椁长 306 厘米，宽 185 厘米，高 133 厘米。椁与外棺之间在头端和北边各有宽 30 厘米、长 90 厘米和宽 27 厘米、长 260 厘米的边箱，构成"曲尺"形。边箱紧贴外棺的一边有上下拼合的立板，立板厚约 6.5 厘米。

棺内骨架保存完整，因遭盗掘，头、手、肋、脊椎骨等位置有所变动。尸骨不少部位上还附着有干缩的类似肌肉的碎块。葬式为仰身直肢，身长约 170 厘米。经医学鉴定，死者为男性，年龄约在 40 岁左右。

图五 73 长子 M1 棺椁纵、横剖面图（引自《文物》1974 年第 2 期）

随葬器物主要放置在头箱和边箱里，因曾被盗掘，有的被盗走，有的被遗弃在盗洞近椁盖板处，其余均被移动了位置。在墓中残存的文物中，考古工作者又发现了一幅"人物御龙帛画"；另外还发现了鼎、敦、壶等陶器，竹木漆器，玉璧和丝麻织物等文物（图六）。

据《庄子·天下》及《荀子·礼论》记载："天子棺椁七重，诸侯五重，大夫三重，士再重。"该墓的形制为一椁二棺且墓中未出青铜礼器，规格较低，再结合帛画上的男子肖像及其装束来看，估计墓主人是士大夫一级的贵族。

至于该墓葬的年代，此墓出土的鼎、敦、壶等陶器是战国中期常见的器物组合，但陶敦器形扁圆，子母口又很明显，是向后递变的一种形制。另外，据1942年参加盗掘的"土夫子"所言，头箱内曾出土了泥金版，而长沙楚墓出土的泥金版仅见

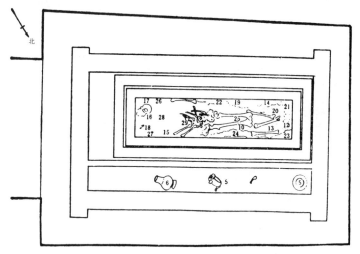

图六 73长子M1人骨架及随葬器物平面图

（引自《文物》1974年第2期）

于战国晚期的墓葬中。根据这些情况，考古工作者认为此墓的年代约相当于战国中晚期之交，这是十分妥当的，楚帛书的年代下限亦可因此而定。

（二）楚帛书的流传

前面已经提到，帛书出土时是装在一个竹箧里面。竹箧里面总共存放有若干件帛书，除一件较为完整外，其他大多是碎片。但是长期以来，国内外的学者都以为只出土了那一件比较完整的帛书。但由于其他帛书碎片至今还没有得到很好的整理，我们下文所谈到的楚帛书除非特别说明，仍是指这一件楚帛书（图七）。

帛书被盗掘出土后不久就为古董商人唐鉴泉所得。唐鉴泉原为上门裁缝，1927 年正式开店营业，招牌为"唐茂盛"，并辟屋之半兼营古玩。从 1931 年起他专营古玩，人皆呼之为"唐裁缝"。唐鉴泉得到帛书后，曾写信给著名学者商承祚，以帛书求售。商承祚接到信后，托友人沈筠苍前往了解情况。沈筠苍给商承祚回信说："唐裁缝出视之时，是在白纸之外再用报纸将之松松卷起，大块的不多，小块的累累，将来拼复原样恐不可能。"正当商承祚与唐鉴泉反复议价之时，长沙地区的文物收藏家蔡季襄回到长沙，帛书遂为他所得[8]。

蔡季襄得到帛书后，请有经验的裱工将帛书加以拼复和装裱，并命长男蔡修涣按原本临绘帛书图文，蔡季襄亲自进行考释，写成《晚周缯书考证》一书。该书写于 1944 年的抗日战争炮火之中，1945 年春印行。此书出版后，楚帛书及其内容的情况才传播开来。

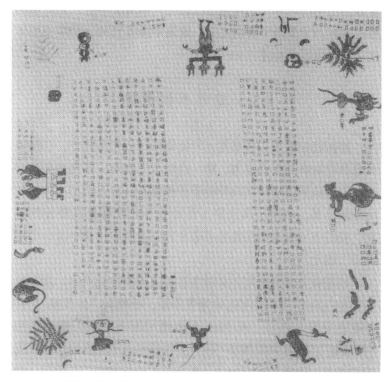

图七 楚帛书（引自《长沙子弹库战国楚帛书研究》）

抗日战争胜利后，蔡季襄携带楚帛书来到上海，寻求将帛书出手。1946 年，他在上海遇到了柯强（John Hadley Cox）。柯强是美国人，1935 年至 1937 年间曾任教于长沙的雅礼中学，并在长沙大肆收购中国文物。抗日战争爆发后他返回美国，至抗日战争结束后又从美国来到上海。蔡季襄与柯强经过一番讨价还价，两人以 10000 美元将帛书成交，议定帛书由柯强在美国代为兜售，柯强留下押金 1000 元，余款待付，于是帛书和其他绝大部分帛书碎片及装帛书的竹篋等物都就此全部流入美国。

关于帛书的上述情况，在最近由陈松长公布的蔡氏自述材料中[9]可以得到更为明确的了解。

蔡季襄在他的自述材料中说，1943 年，他从上海逃回长沙后，花了数千元在东站路唐茂盛古玩店买到战国时代出土的缯书一幅和其他陶铜器物。长沙于 1944 年 4 月沦陷后，蔡季襄携带楚帛书避难至安化，在安化城北租房住了一段时间，花了几个月的时间，于 1944 年 8 月以前写成了《晚周缯书考证》，同年在蓝田付印，第一次对楚帛书的形制、文字和图像进行了研究和介绍。1945 年抗战胜利后，蔡氏从安化回到长沙，因生计清淡，即于 1946 年携带楚帛书前往上海，想通过上海的古董商金才记卖一个好价钱。但金才记出价太低，蔡氏转而找了另一位早已认识的古董商叶三。叶氏认为当时帛书漆器等文物在上海的销路不好，不愿接手。后经傅佩鹤从中牵线，与正在上海的柯强联系上了。见面后，柯强见到蔡氏所写《晚周缯书考证》一书，如获至宝，索要了一册带回他的寓所。后在柯强的寓所里，柯氏介绍说美国有红外线照相机，可以显示缯书上不清楚的文字，提高和增加缯书的价值。这样，在傅佩鹤的怂恿和柯强的一再要求下，蔡氏既为了脱手卖个好价钱，也为了多解决一些文字的释读问题，答应将帛书借给柯强研究照相，结果却被柯氏连哄带骗地将帛书转手带到了美国。关于帛书的被骗经过，据蔡氏自己所述，其详细情况是：

> 傅佩鹤一清早就来了，我便携带了缯书和一个装缯书的破烂竹子织的匣子，匣子里面还有一些零星缯书残片，和傅佩鹤一同带到了柯强的公寓。柯强见了，非常高兴，当时把缯书展开看了一下便连忙收到木柜里去了，约我明

天早晨去取。第二天我和傅佩鹤去取缯书的时候，柯强望见我们，皱着眉头说："对不起，缯书还没有照好，因为我这部照相机还缺一些零件，所以不能照，我准备今天和你谈话后，我到我的朋友家中去借来，总得把它照好，请你明天来罢。"

到了第三天，我和傅佩鹤一早去的，进门之后，柯强望着我们笑嘻嘻地说："我昨天在你们去后，就坐车到我的朋友家中把零件借回来了，但是不大相合，还是不能照好，恰巧我有一个朋友，他是一个上校，昨日由美国飞到上海，到我这里来看我，我把这事和他说了，他也很高兴，因他有事马上就飞台湾转旧金山，我想是一个很好的机会，我就托他带往美国用红外线给你照相去了，这个忙我可帮助你不小。"

当时我听了，呆了半晌，心中非常气愤，便对柯强发作道："我对你这种作法，绝对否认。我这幅缯书，是我的主权，你要寄到美国去拍照，也应当征求我的同意后方可带去，你不应该业不由主，随便寄去。你昨天约我今天来取缯书，现在请你马上交还我。"他听我这样说，也没生气，依然笑嘻嘻地说道："蔡先生，你不要这样性急，我是一番美意，拿到美国去拍照，我保证在一个星期内，就可寄回来还你的，请你原谅，等待几天罢，如果途中有什么意外发生，我还可以照价赔偿。"傅佩鹤把我拉到一旁，细细地对我说："缯书已经被他寄走了，现在着急也没有用，只怪我们太大意了，我看情况，要缯书回还你，恐怕会成问题，他方才提出保证说，缯书在途中如果发生意外，他可照价赔偿，我看你这张缯画，终究还是会卖掉的，不如趁这个机会，作价卖给他，要他先付一笔定金，免得弄得钱货两空，并且他现在是美国海军陆战队的情报员，你和他闹翻了，说不定他要难为你一下，是很容易的事。你如果同意，我可以和柯强商量一下，现在把缯书的价钱谈好，要他先付你一笔定金，将来缯书寄回来了，那就更好，如果不寄回的话，你可以向他索要缯书价款，一来双方不致闹翻，二来不致踏空，请你斟酌一下。"

我当时也觉得毫无其他办法，只好听凭他们摆布，由傅佩鹤和柯强商量，把缯书作价一万元美金，当日由柯强先交定金一千美元作为保证，日后缯书寄回，我将定金退还给他，如果不寄回的话，则我向他取回余款，期间以1946年9月为期。并经傅佩鹤从中斡旋，写了如下这个字据："言定晚周缯书书价美金一万元，先交定金美金一千元，余款美金九千元言定在1946年8月底付清。"

柯强用中、英文在字据上签了字，并以为时间太紧，将8月改为了9月（见湖南省博物馆所存的蔡季襄档案）[10]。

帛书流入美国之后的情况，长期以来国内学者一直不太了解，经过李零的精心调查[11]，现在我们对于帛书在美国的流传情况已经比较清楚了。

柯强把帛书带到美国后，曾到各大博物馆兜售。然而，尽管柯强把价钱一直压到了7500美元，并且反复说此物如何重要，声称如果无人购买，就得归还中国，或者到伦敦和斯德哥尔摩去卖，然而始终没有一家博物馆愿意购买[12]。因此，到了1949年，柯强把比较完整的这件帛书寄存于纽约的大都会博物馆（the Metropolitan Museum of Art），留供检验。至于其

他帛书残片及存放帛书的书箧，柯强则将之送到福格博物馆
（the Fogg Art Museum）检验。因此，在 1964 年之前，帛书始
终处于"无主"的状态。

1964 年，柯强把存放在大都会博物馆的那件比较完整的
楚帛书取出，售给纽约的古董商戴润斋（J. T. Tai）。到了
1966 年，戴润斋又把从柯氏手中购得的文物转售给美国著名
的文物收藏家赛克勒医生（Dr. Arthur M. Sackler）。据说当
时戴氏本想留下那张楚帛书，但因美国著名古物收藏家辛格医
生（Dr. Paul Singer）偶然发现并大力推崇，力劝赛氏购进此
物[13]，这样，楚帛书才归赛氏收藏，楚帛书亦从此声名大噪。

1966 年之后，楚帛书一直是赛克勒的藏品，并于 1987 年
赛克勒美术馆建成后从纽约移到该馆收藏。赛克勒本人现在已
经去世，但他生前曾明确表示，总有一天他会把此物归还中
国。

1992 年，柯强将其他帛书残片连同书箧一起售给了赛克
勒美术馆。至此，流入美国的所有帛书材料都被赛克勒美术馆
收藏。现在这些帛书残片正在整理之中。

楚帛书被柯强带到美国去后，只有极少的一些帛书碎片还
留在国内，据说这些帛书残片是蔡季襄送给徐桢立的，徐桢立
又将它们转送给商承祚。它们总共由十四片残帛组成，残帛中
最大的一片最长 4.6 厘米，最宽 2.7 厘米，很可惜的是除了这
一大片残帛之外，其余的十三片残帛现在都已不知下落，只剩
下 1964 年由文物出版社史敬如为之拍摄的照片及商氏自己的摹
本。1992 年，《文物》和《文物天地》同时公布了这批珍贵材
料[14]。1996 年，商志𬘬等人将现存的那片残帛捐献给湖南省博
物馆，这片残帛也是国内目前仅存的一片子弹库帛书（图八）。

图八 楚帛书残片（引自《文物》1992 年第 1 期）

（三）楚帛书的内容

楚帛书写在一幅宽度略大于高度（47×38.7厘米）的方形丝织物上。整个幅面分为内、外两层，内层是书写方向互相颠倒的两大段文字，一段十三行，一段八行；外层绘有十二个神像（图九），上下左右，每边各三个，为一至十二月之神，其中除标有"易口兼"的神像是侧置外，其余头皆朝内，每个神像皆有题记，作左旋排列，依次转圈读；四方交角还有用青、赤、白、黑四色画成的树木；青木与白木的树冠相对，赤木与黑木的树冠上下相对，树根皆朝外。全书既无书题也无篇题，但外层十二段文字，每段结尾都有一个分章的符号（用朱色方块表示），后面另外书写含有神像名称的章题；内层两段文字也各有三个分章的符号（形式与边文相同）。织物原是折叠存放于竹箧内，留下两套折痕，一套年代较早，包括纵向的折断痕迹三道和横向的折断痕迹一道，痕迹较深，分帛书为八块；另一套年代较晚，包括纵向的折断痕迹五道和横向的折断痕迹一道，痕迹较浅，分帛书为十二块（"纵"指窄面，"横"指宽面）。左右边缘还比较整齐，但上下边缘残破，装裱时有若干部位发生错位，幅面原为浅灰色，年久变为深褐

图九　楚帛书中的一些神像
（引自《生肖与中国文化》）

色，使图像文字难以辨认。

李学勤曾建议称内层八行的那段文字为《四时》，十三行那段文字为《天象》，外层四周的文字为《月忌》[15]。许多学者都对这三部分文字进行过考释，下面我们主要按照李零在《中国方术考》中的释文及介绍讲述这三部分文字的内容（尽量用通行字）。

帛书《天象》的释文是：

> 佳（惟）□□□，月则赢绌，不得其当；春夏秋冬，□有□尚（常）；日月星辰，乱逆其行，赢绌逆□，卉木亡尚（常），是（?）〔谓〕妖，天地作祥，天棓将作汤，降于其〔四〕方，山陵其废，又（有）渊其汩，是谓孛（悖）。孛（悖）岁□月，内（入）月七日、八〔日〕。有电、霜、雨土；不得其参职，天雨□□□，是逆月，闰之勿行：一月、二月、三月，是谓逆终亡，奉□□其邦；四月、五月，是谓乱纪亡，尿□□二岁，西国有吝；如日月既乱，乃有霓方（傍）；东国有吝，天（?）下（?）乃兵，害于其王。
>
> 凡岁德匿，如□□□佳（?）邦所五（?）夭之行，卉木民人以□四浅（践）之常，□□上夭，三时是行，惟德匿之岁，三时既（?）□，缚之以素（?）降。是月以数拟为之正，惟十有二□。惟孛（悖）德匿，出自黄渊，士身亡□，出内（入）□同，作其下凶。日月皆乱，星辰不炯。日月既乱，岁季乃□，时雨进退，亡有常恒。恭（恐）民未智，拟以为则毋童（动）。群民以□，三恒发（废），四兴兒，以□天常。群神五正，四兴尧羊，建恒怿民，五正乃明，百神是享，是谓德匿，群神乃德。帝曰：

斁，敬之哉，毋弗或敬。惟天作福，神则各（格）之，惟天作妖，神则惠之。钦（?）敬惟备，天象是则。诚惟天□，下民之式，敬之毋忒。

民勿用□□，百神山川澫谷，不钦敬（?）行。民祀不庄，帝将斁以乱逆之行，民则有谷，亡有相扰，不见陵□，是则霓至。民人弗知岁，则无䄛祭，□则返民，少有□。土事勿从，凶。

以上三章主要是讲顺令和知岁的重要性。第一章是讲月行固有度数，如果过快过慢，不得其当，就会造成春夏秋冬节令失常，日月星辰运行混乱，以至造成各种凶咎，如草木无常、天棓星降灾于下，山陵崩堕，泉水上涌，雷鸣电闪，下霜雨土，云霓傍日，兵祸四起。第二章是讲岁有德匿，天有赏罚。民人知岁，天则降福，民人不知岁，天则降祸。第三章是讲民人应对天地山川诸神虔诚恭敬，以时奉享。如果民人不知岁，祭祀不周，天帝便会降以上述凶咎，使农事不顺。

《四时》篇的文字是：

曰（粤）故（古）□嬴包戏，出自币霆，居于霆□。厥□俪俪，□□□女，梦梦墨墨，亡章弼弼，□□水□，风雨是於。乃取（娶）虞遅□子之子，曰女填，是生子四□，是（?）襄而践，是格参化。唬逃，为思为万，以司堵襄，咎而步达。乃上下朕断，山陵不疏。乃命山川四海，□热气寒气，以为其疏。以涉山陵，泷汩凼澫。未有日月，四神相代，乃步以为岁。是惟四时。

长曰青□干。二曰朱四（?）单，三曰翏黄难，四曰□墨干。千有百岁，日月允生，九州不坪（平），山陵备侧，四神乃作□至于覆。天旁（方）动，攼蔽之青木、赤木、黄木、白木、墨木之桢。炎帝乃命祝融以四神降奠三天，〔以〕□思敷奠四极，曰：非九天则大侧，则毋敢睿天灵。帝允乃为日月之行。

共攻（工）夸（?）步十日四时，□□□神则闰四□毋思（息），百神风雨辰违乱作，乃□日月以转相土（?）思（息）。有宵有朝，有昼有夕。

以上三章是讲"四时"的产生，第一章是讲在远古时代，包戏（即伏牺）"娶虔遇□子"的女儿"女填"。生下四个儿子，是为"四神"。当时没有日月，是靠"四神"分守四方，互相换位，用步行来推算时间，以表示"四时"。这是最原始的"四时"。第二章是讲分掌"四时"的包戏四子，长子叫"青□干"，次子叫"朱四单"，三子叫"翏黄难"，四子叫"□墨干"。经过"千有百岁"，日月终于产生，但天不宁，地不平，炎帝命祝融率"四神"奠定"三天"、"四极"，恢复宇宙和谐，从此才有了由日月之行表示的"四时"。第三章是讲"共工夸步十日四时"，后来才有了一日之内的"四时"划分，即宵、朝、昼、夕。

月忌篇的释文是：

曰：取，乙则至，不可以□杀。壬子、丙子凶。作□北征，率有咎，武□□其敬。取于下

曰：女，可以出师筑邑。不可以嫁女取臣妾，不火得不憾，如□武

曰：秉，□□□□□妻、畜牲、分□□。秉司春

曰：余，不可以作大事。少旱其□，□龙其□，取女为邦笑。余取女

曰：故，贼率□得以匿。不见月在□□，不可以享

祀，凶。取□□为臣妾。故出睹。

曰：虞，不可出师。水师不复，其败（?）其覆，至于其下□，不可以享。虞司夏

曰：仓，不可以川□，大不顺于邦，有鸟入于上下。仓莫（?）得

曰：臧，不可以筑室，不可以作，不脨不复，其邦有大乱。取女，凶。臧圶（?）□

曰：玄，可以筑（?）室（?）□□□吁（可?）□遑（徙），乃□□□□。玄司秋

曰：易，不毁事，可〔以〕□折，除去不义于四〔方〕。易□兼

曰：姑，利侵伐，可以攻城，可以聚众，会诸侯，型（刑）首（?）事，戮不义。姑分长

曰：叙，不可以攻城，□□□□□□□□，荌司冬。

以上十二章是讲帛书十二神所主的各月宜忌，顺序是按正月到十二月排列。每章开头"曰"字后的第一字是月名，后面是各月宜忌之事，最后三字是该章的章题，第一字是月名，第二、三字，或隐括该章内容（如女月利出师，题作"女□武"），或表示季节（如春季的最后一月作"秉司春"）。

整篇帛书的三部分文字是一个整体，《天象》侧重于"岁"，《四时》侧重于"时"（四时），《月忌》侧重于"月"，彼此呼应。

（四）楚帛书的研究

楚帛书因属盗掘出土，中间又经过多次转手，最后流落海

外，从而使帛书的及时公布和研究都受到了很大影响。由于帛书在流传过程中出现了不同的临写本和照片，而这些材料的精确程度又直接影响到研究成果的正确性。根据帛书材料的公布情况，我们可以大致把研究过程分成三个阶段（其中大陆学者在建国后很长的一段时间内因与国外联系较少，因此从国外获得材料的时间相对要晚一些）：

（1）楚帛书研究的草创期（40 年代～50 年代中期）

楚帛书出土并归蔡季襄所有后，其子蔡修涣就对帛书进行了临摹，蔡季襄本人作了释文，并附有简短考证，编成《晚周缯书考证》一书，于 1944 年印行，这是最早发表和研究楚帛书的论著。书中对于帛书出土情况有比较详细的介绍，并附有墓葬形制及出土文物的插图，是研究帛书出土情况的主要原始材料之一。蒋玄怡在《长沙（楚民族及其艺术）》一书中对帛书重新进行了临摹，当时许多学者研究楚帛书时，多据蔡氏本或蒋氏本复制，并积极进行研究。这时期的主要研究论著有陈槃《先秦两汉帛书考》（《历史语言研究所集刊》24 本，1953年）、饶宗颐《长沙楚墓时占神物图卷考释》（《东方文化》1卷 1 期，1954 年）、董作宾《论长沙出土之缯书》（《大陆杂志》10 卷 6 期，1955 年）、李学勤《战国题铭概述》（下）（《文物》1959 年第 9 期）等等。这些文章涉及了帛书的阅读顺序、图像理解和释文等重要内容，但是因蔡氏临摹本缺字和误摹较多，整个研究还难以深入。

（2）楚帛书研究的发展期（50 年代中期～1965 年）

柯强把楚帛书带到美国后，曾由弗利尔美术馆将帛书拍成全色照片，其目的主要是为了兜售帛书，同时也提供了一些副本供某些学者研究。借助这一照片，许多研究者先后作有临写本和摹写本，如日本学者梅原末治《近时出现的文字资料》、饶宗颐《长沙出土战国缯书新释》、澳大利亚学者巴纳（Noel Barnard）《楚帛书初探——新复原本》、商承祚《战国楚帛书述略》等文都做了临摹工作，并进行了有益的研究，从而将帛书的研究工作推进到一个新的阶段。这一时期最有突破性的研究成果是李学勤第一次论定帛书边文的十二月名即《尔雅·释天》所述的十二月名[16]。另外，1962 年，陈梦家的《战国帛书考》一文以帛书与传世文献进行系统比较，指出帛书与月令类文献最为接近[17]，也是对楚帛书认识的一个进步。

（3）楚帛书研究的繁荣期（1966 年至今）

1966 年，楚帛书归赛克勒所有。1966 年 1 月，存放帛书的纽约大都会博物馆延请澳大利亚的巴纳博士（Dr. Noel Barnard）为指导，委托阿克托科学实验公司（Acto Scientific Photographic Laboratory Inc.）开始试验用航空摄影的红外线胶片摄制帛书照片，历时数月，终于找到合适的摄影方法，摄制出了黑白和彩色两种照片，字迹图画异常清晰，使许多肉眼看不见的字迹和图案显现出来，其效果远远超过了以往任何摹写本和照片，从而为学者的研究提供了极大的便利。

1967 年 8 月 21 日至 25 日，美国哥伦比亚大学艺术史及考古系在赛克勒基金会的资助下，举办了题为"古代中国艺术及其在太平洋地区之影响"的学术座谈会。这是帛书新照片的第一次"亮相"，会上发表了巴纳、梅莱（Jean E. Mailey，纽约大都会博物馆纺织研究室副主任）、饶宗颐、林巳奈夫等人的论文。本次座谈会的论文由巴纳主编，于 1972 年结集出版，书名即为《古代中国艺术及其在太平洋地区之影响》。巴纳本人还撰有一系列的论著讨论帛书，在当时产生了很大的影响。

帛书红外线照片的公布，立即在海外掀起了楚帛书研究的热潮，港台学者严一萍、金祥恒、饶宗颐等人都参加了讨论。其中严一萍、金祥恒考证帛书所述传说人物的头一位是"伏羲"，这一点现在已经得到学术界的普遍承认。但是由于这一时期正值"文化大革命"，因此大陆学者没有能够参加这一讨论热潮，也很少有人知道国外有新的帛书照片和各种摹本的发表。

楚帛书的红外线照片为国内学者所知大约是在70年代末。到了1980年，李零有感于国内对于海外楚帛书研究信息的隔绝，开始搜集国内外的有关论著对楚帛书进行重新研究，写成了《长沙子弹库战国楚帛书研究》，1985年由中华书局正式出版。该书分《楚帛书研究概况》、《楚帛书的结构、内容与性质》、《释文考证》三部分，对楚帛书已往的研究成果进行了系统总结，并根据红外线照片重新对楚帛书进行了探讨，颇多新获。这是中国大陆第一部以红外线照片为依据研究楚帛书的论著，并荣获北京大学首届青年优秀成果二等奖。

就在《长沙子弹库战国楚帛书研究》发表前后，大陆掀起了楚帛书研究的新热潮，成果不断问世。如李学勤利用巴纳的红外线照片写了系列论文[18]。此外，曹锦炎、高明、何琳仪、曾宪通、朱德熙等也参加了讨论。

到目前为止，楚帛书的出土和研究工作已经进行了半个多世纪，据统计，已经发表的有关帛书的研究论著已达一百四十二种之多[19]。但是，"帛书研究却远没有'山穷水尽'，反而显得好像初被开发，还有许多'不毛之地'"[20]，有待耕耘。

学者们除了对楚帛书的文字考释工作不断深入之外，对于楚帛书的研究还集中在以下几个方面：（1）楚帛书的结构；
（2）楚帛书的性质；（3）楚帛书图像的考索；（4）楚帛书所蕴
涵的学术思想；（5）对帛书残片的研究。下面我们分别加以概
述：

1．楚帛书的结构

楚帛书虽然尺寸不大，但其结构却很特殊，它共由两组图
像（十二神像及青、赤、白、黑四木）和三部分文字（《天
象》、《四时》、《月忌》）组成。其内层的《天象》及《四时》
书写的顺序正好颠倒，而外层的《月忌》与十二神像相配，分
列四方，每方三神像配以三段文字，随帛书边缘循回旋转，四
隅分别绘以青、赤、白、黑四色树木，文字布局与神像构图都
别出心裁，用意耐人寻味。因为中间两段文字一顺写，一倒
书，周边文字图像又循环周转，因此怎样放置楚帛书和按怎样
的顺序读楚帛书，是一个很难处理的问题。几十年来，许多学
者对这个问题进行了不同角度的阐述，概括起来主要有两种意
见：

第一，以《四时》篇为正置图，按《四时》、《天象》、《月
忌》顺序读图。

第二，以《天象》篇为正置图，按《天象》、《四时》、《月
忌》顺序读图。

上述第一种意见始于蔡季襄的《考证》，采用蔡氏摆法的
有蒋玄佁、陈槃、饶宗颐、林巳奈夫和高明等。第二种摆法始
于董作宾，董氏根据东南西北四方之序与春夏秋冬四时相配的
传统，将蔡图倒置，改以《天象》篇为正。李学勤在 50 年代
末因为辨识了帛书中同于《尔雅》的月名，亦认为应当以上冬
下夏为正。随后赞同这种摆法的还有商承祚、严一萍、安志

敏、陈公柔、李零等。由于蔡氏本人并没有说明其摆法和读法的依据，而董作宾、李学勤、商承祚、严一萍、李零等则从不同角度申述第二种摆法的理由，因此在相当长的一段时间内，第二种意见似乎一直占据了上风。

然而至 1982 年，《湖南考古辑刊》第一集发表了李学勤的《论楚帛书中的天象》一文，文中对帛书的放置方向和阅读顺序提出新解。作者通过整理马王堆帛书，发现"其古地图，《胎产书》中的《禹藏图》和几种阴阳五行家著作的图，均以南为上"，因此断定"这应该是古图，至少是楚地出现的古图的传统"，主张恢复蔡季襄氏的摆法，即以上夏下冬为正。这样，三篇文字的次序就成了《四时》、《天象》、《月忌》。随后饶宗颐写有《楚帛书之内涵及其性质试说》（收入《楚帛书》，中华书局香港分局 1985 年版），进一步阐明他向来主张以蔡氏的摆法为正的理由："一、甲篇（按：指《四时》篇）起句以'曰故'二字发端，有如《尚书·尧典·皋陶谟》言'曰若稽古'，自当列首；二、乙篇（按：指《天象篇》）倒写，由于所论为王者失德，则月有赢绌，故作倒书，表示失正，无理由列于首位；三、帛书代表夏正五月之神像为三首神祝融，应当正南之位，是为楚先祖，故必以南方居上。"

李零最初在《长沙子弹库战国楚帛书研究》（中华书局 1985 年版）一书中主张帛书的摆放应当是上北下南，但后来在《〈长沙子弹库战国楚帛书研究〉补正》（《古文字研究》第二十辑）中改变了看法，指出，无论是上南下北抑或上北下南，这两种看法都有一定片面性，正确的理解是应当两者统一起来。他总结了古籍中有关方位的各种论述，认为当时的方位是两者兼存。"'上北下南'主要是天文、时令所用，'上南下北’主要是地形所用，它们来源都很早。上述概念，从根本上讲，是来源于中国古代的宇宙模式。这一模式最充分地体现在古代‘日者’所用的工具即式上面。……天文图和时令图强调的是‘帝张四维，运之以斗，月徙一辰，复反其所，正月指寅，十二月指丑，一岁而匝，终而复始’（《淮南子·天文》），即以春、夏、秋、冬配东、南、西、北，所以是以上北下南为正；而地形图则强调的是‘大举九州之势以立城郭室舍形’（《汉书·艺文志》“形法”类小序），是按中国所处纬度形成的日照方向来定阴阳向背，所以是以上南下北为正”。“关于帛书的方向，有一点本来很清楚。这就是既然帛书的边文是转圈读，中间两篇也方向相反，那么它自然就有两种方向。所谓‘上南下北’说与‘上北下南’说完全可以统一起来，这个问题与帛书的阅读顺序应有所区别”。至于帛书的阅读顺序，“古人把四时十二月看作阴阳消长，这是理解帛书图式的关键。而帛书既然是转圈读，就有一个由内向外转还是由外向内转的问题，过去，我们对这个问题是持保留态度，即认为两种可能都有”，经过分析，李零认为应采取由内向外转圈读。“这样转圈读，现在也有两种理解：（1）先读十三行（按：即《天象》），然后颠倒方向接读八行（按：即《四时》），再颠倒方向接读边文，里面转一圈，外面再转一圈，两圈作螺旋形，连在一起；（2）先读八行，然后颠倒方向接读十三行，再顺读边文，内外圈不衔接”。

1994年出版的《中国文化》第10期发表了李零的《楚帛书的再认识》。该文将楚帛书与马王堆帛书的形制进行了对比，指出，马王堆帛书的幅宽分别是24厘米的半幅帛和48厘米的整幅帛，后一数字与原来所说的楚帛书的横长47厘米十分接近，因而怀疑过去所说的"横长"实际是纵宽。后来他请专家目验原物的经纬，果然是如此。也就是说，通常按南北方向放置的"横长"才是真正的幅广，因而基本复原了帛书摆放的本来方向和原作者的书写顺序。李零还指出，这件帛书的幅度，现在虽然只剩 47 厘米，但据破损情况修正，应与马王堆帛书的整幅帛相近，恐怕原来也有 48 厘米长。

2．楚帛书的性质

关于楚帛书的性质，学者们讨论很多，曾宪通曾将之概括为六种意见（见《楚帛书研究述要》，收入《楚地出土文献三种研究》）：

（1）文告说。此说始于蔡季襄氏，是早期有代表性的一种意见。蔡氏第一个把楚帛书称为"缯书"，并根据汉代"用缯告神"的俗例，谓帛书即当时的"告神之缯"；缯上所书文字，则是"古代祠神之文告"。陈槃赞同蔡说，以帛书内容为"文纪祀神"。董作宾认为帛书主旨在于宣扬"天道福善祸淫"的遗训，所举为古帝王告诫后人敬慎之词。

（2）巫术品说。此说是郭沫若首先提出，见于《晚周缯画的考察》。郭氏在一注文中介绍帛书的图文布局之后，认为帛书"无疑是巫术性的东西"。安志敏、陈公柔也认为郭说比较可信。商承祚说帛书是"占卜式宗教迷信的东西"，其文辞则类似《诗》、《书》、《左传》和《楚辞》的风格。此外，饶宗颐说过帛书"为楚巫占验时月之用"，林巳奈夫以为帛书十二月名起源于楚国的巫名，而巫名又代表某一巫师集团，实际亦是将帛书看成巫术品一类的东西。周世荣更将马王堆帛书《天文气象杂占》的图形文字与楚帛书相比证，认为楚帛书应是一种巫术占验性的图文。

（3）月令说。陈梦家在《战国楚帛书考》一文中认为楚帛书的性质与公元前四百年间（战国中期至西汉以后）的若干文献很接近，如《管子·幼官》、《周礼·月令》（佚文）、《王居明堂礼》（佚文）、《吕氏春秋·十二纪》、《淮南子·时则》、《礼记·月令》、《洪范五行传》（佚文）等，并将上述各篇与帛书进行了细致的比较，认为它们都是月令一类的书。其中《幼官》（即玄宫）是齐月令，《吕氏春秋》十二纪各纪之首章是秦月令，其他各篇是汉代的月令，而帛书则是战国中期的楚月令。帛书四周十二章就其方位排列与内容来看，应是较早形式的月令。严一萍《楚缯书新考》亦将帛书边文十二月纪事与《吕氏春秋·十二纪》、《淮南子·时则》、《礼记·月令》诸篇对照，发现帛书所记十二个月行事以"戎"与"祀"为主，与十二纪、时则、月令等篇所记内容之广泛有很大不同，且行事之可与不可亦有相反的规定，因断言帛书纪事为另一系统，可能是当时楚国月令的一部分。曹锦炎更径称帛书边文为《月令》篇。此外郭沫若认为楚帛书类于《管子》的《玄宫图》或《五行篇》；俞伟超说"是一部相当于《明堂图》的楚国书籍"。杨宽在《战国史》增订本中将楚帛书置于《月令五行相生说》一节，亦谈了类似的看法。

（4）历书、历忌说。李棪在其所作帛书摹本的题名上，把摹本称为"写在帛书上的楚历书"（见郑德坤著《中国考古·周代》）。李零在《长沙子弹库战国楚帛书研究》中详尽地论述帛书是一部与历忌之书有关的著作。他说帛书在大范围上与《管子·玄宫》、《玄宫图》、《吕氏春秋·十二纪》之首章、《礼记·月令》、《逸周书·月令》、《淮南子·时则》以及《大戴礼·夏小正》等基本相同。帛书虽与月令性质相近，但形式上比月令原始，没有复杂的五行系统，内容上比较单一，没有月令诸书那种说礼色彩，只讲禁忌。因此，李零认为帛书当与古代历忌之书相近。从帛书有月无日看来，只能算是月忌之书，而且是这种书中较为简略的本子。

（5）阴阳数术家说。李学勤提出帛书的思想属于阴阳家，有明显的五行说色彩，在若干点上接近于《洪范五行传》（《论楚帛书中的天象》）。又说：阴阳家与数术密不可分，据《汉书·艺文志》所记，偏于理论的则《志》中列入阴阳家，专供实用的则列入《数术略》，帛书的《四时》、《天象》应归前者，《月令》则近于后者（《长沙楚帛书通论》）。在《再论帛书十二神》一文中更明确指出："总之，长沙子弹库楚帛书是阴阳数术的佚书，亦是目前所能见到的最早的数术书。"

（6）天官书说。饶宗颐在《长沙楚墓时占图卷考释》中论及楚之天文学，谓楚之先世出于重黎，重黎即羲和氏，乃世掌天地四时之官，即后世阴阳家所从出。80年代又写成专文《楚帛书之内涵及性质试说》，就帛书的性质问题加以讨论，认为，《周礼·春官》冯相氏主常度，保章氏主变动，一常一变，职司各异。帛书甲篇（按：即《四时》）辨四时之序主常，乙篇（按：即《天象》篇）志天象之异主变，常、变异趣，反映古来天官即有此区别。他说帛书虽兼有兵阴阳家言，然于乙篇保存保章氏遗说特多，所言主体仍是楚人之天文杂占，故视为楚国天官书之佚篇自无不可。高明将帛书所载内容与古代天文学著作互相比较，发现两者所述虽繁简不同实质则大同小异，因此认为楚帛书是一篇比较原始的天文学著作[21]。

3. 楚帛书图像的考索

楚帛书的图像可以分为两组：一组是位于四隅的四木；另

一组是分居四方的十二神像。对于这些图像，学者们也进行过不少探讨。

对于四木，蔡季襄在《晚周缯书考证》中认为"盖藉以指示所祀神之居匀方位，祭祀时使各有所凭依也"。这是由于蔡氏将帛书视作祀神的文告，十二神像为所祀之神，故以四隅之四木为指示所祀神之方位。

董作宾则将绘画的"四木"与帛书文字中的"五木"联系起来进行考察，认为帛书原有以五木表示五方的观念，"盖本有五木，东青，南赤，中黄，西白，北黑。今止有四木，则中央黄木，既漫灭不见矣"（《先秦两汉帛书考》附记所录董作宾语）。但是陈槃对董作宾的方位之说提出异议，认为四木代表四方，"据理则应安置四边正方之处，今乃置之角间，则非东南西北之谓矣，此其义未闻"。

饶宗颐亦曾怀疑帛书中间有黄木，后来见到原物，反复审视，帛书中间并无黄木痕迹。红外线照片亦显示只有四隅四木而无中间黄木。他认为"四隅所绘树木当指四时之木，即指四时行火时所用之木"，"四木绘于四隅者，疑配合天文上的四维观念"。接下来在《楚帛书新证》中又考《四时》篇四神乃四时之神，其名目与四隅四木有关。概括言之，四神之名以青、朱、翠（白）、墨（黑）为号，与传统以四色配四时及帛书四隅所绘四时之木设色相同，且神名之末一字中有二櫐（棻）、一单（檀）、一难（燃），当指四木，与四隅表示四时异色之木相符，可以互相印证。

李学勤在《再论帛书十二神》一文中指出，帛书四木分别作青、赤、白、黑四色，"这显然与五行方位直接有关。《四时》篇提到'青木、赤木、黄木、白木、黑木'，也可能与此相应。至于和文献中五木改火之说是否有关，还值得考虑"。

李零将楚帛书直接与式图联系起来，指出帛书四木是代表四维和太一所行（《楚帛书的再认识》）。

周边十二神图像自蔡季襄开始，即将所图奇诡神物与《山海经》、《淮南子》、《国语》等所描述的怪异神话相比附，认为帛书图写的就是当时所崇祀之山川五帝、人鬼物魅之形。后来由于李学勤辨识出神名首字与《尔雅》月名相同，人们从而认识到十二图像为十二月月神，但企图从古籍中索求解释帛书图像的做法却在相当长的一段时间内为一些学者所热衷采用。如谓"取（陬）"月神为委蛇，"余"月神为肥遗，"仓"月神为长角之兽等等。但是，这种比证仍有不少问题。

首先，图像的某些造型虽然与《山海经》等古代神话有相同或相似之处，但就整个图像本身或某一具体细节而言，却很难与神话传说的记载完全吻合。

其次，各家根据不清晰的图片所描述的形象以及比证的结果，有的已被红外线照片证明是不可靠甚至是错误的。

再次，个别的比证即使是有说服力的，但从整体看来，仍显得零散不成体系，不易令人信服（《楚帛书研究述要》）。

因此，李学勤在《东周与秦代文明》（文物出版社1984年版）第二十七章《帛书、帛画》中指出，帛书十二神像并非楚地所特有，只是其他国的材料比较罕见罢了。这些神像于文献无征，未必能用《楚辞》、《山海经》等古书去说明。应该说，这种看法是很值得深思的。

也有一些学者从其他角度来阐释帛书十二月神。

林巳奈夫的《长沙出土战国帛书十二神考》对于帛书十二月神的名目提出另外一种假设，认为帛书的十二月名起源于楚

国的巫名，每一个巫名代表着一个巫师集团，由于这个巫师集
团职司某月，便把这个集团的名称作为该月的月名。

李学勤在《再论帛书十二神》中指出，帛书的十二神可能
与式法中的六壬十二神有相近之处，或许有一定的渊源关系。
这一看法被李零誉为"帛书研究的又一突破"（《中国方术考》
第 177 页）。

李零在《楚帛书的再认识》一文中指出，要从图像的整体
来解释其含义。他谈了自己的几点理解：（1）楚帛书的图像与
文字是相互说明的。它的图、文结合比较紧密，难以分出主
次。它的图像是按四方八位和十二度而划分，代表岁、时、
月、日的阴阳消长，文字是讲顺令知岁和四时之产生，以及各
月的宜忌。图像和文字两者是相互说明的关系。特别是它的文
字，边文不仅是图注，还按顺时针方向排列，代表斗建（斗行
左旋），与帛书四木皆按逆时针方向排列，代表岁徙（岁行右
旋）形成对照；中心的两篇文字处于北斗、太一所在的位置，
颠倒书写，也是像其阴阳顺逆、转位加临，本身也是图的组成
部分。故称图称书皆无不可。（2）楚帛书的图式是来源于式的
图式。楚帛书以三个神物为一组分居四方，分别代表四时的
孟、仲、季三月，古人把仲月所在叫"四正"，帛书四方的夹
角还有青、赤、白、黑四木，是代表天地四维，古人叫"四
隅"。两者合成"八位"。而帛书的十二神按斗行方向排列，则
代表"十二位"。这都与式的图式安排十分相似。帛书中间没
画太一、北斗，但两篇文字一正一反，正是象征"太一行九
宫"或"斗建十二月"。古代数术，凡属时日选择或历忌、月
令性质的古书都与式法有密切关系。《汉志·数术略》的五行类
就是属于这一类古书。出土文献中，像马王堆帛书的《阴阳五

行》、《刑德》都附有相关的式类图式，可见这是一种有规律的现象。总之，从各方面看楚帛书的图式来源于式，这点是没有问题的。(3) 楚帛书的十二神应与式的配神和演禽有关。楚帛书的十二神是十二月之神，由于楚帛书的图式是属于式的图式，那么从式法的角度想问题，很自然地会想到它与六壬式的十二神有些相似。古人表示十二辰位的名称有很多种，古书记载的两种六壬式十二神有不少名称都是取自天象，其他种类的式也都有许多复杂的配神。另外，古代的式法与演禽关系十分密切，中国古代的演禽也是以星象与动物相配，测算年命，其中比较简单的一种是"十二属相"或"十二生肖"。帛书十二神的图像很可能就是楚地流行的一种配禽系统。李零的这些分析使我们对于帛书十二神的认识变得更加清晰起来。

王志平的《楚帛书月名新探》(《华学》第三辑）则探讨了《楚帛书》各月月名与所对应的天象之间的关系，认为楚帛书月名中所蕴涵的天文学知识正在于它们实际上是对各月星象的描述。

4. 楚帛书所蕴涵的学术思想

郑刚曾总结说："楚帛书是一篇具有极其重要价值的出土文献，它提供了研究战国时代有关楚国人的世界观、神话和天文历法知识的珍贵材料，弥补了传世典籍材料的不足，对于思想史、学术史和历史有着不可低估的意义"(《楚帛书中的星岁纪年和岁星占》，《简帛研究》第二辑）。实际上我们上面所介绍的许多内容都已包括了众多对楚帛书学术思想方面的论述，下面我们再把前面未提到的其他一些学者的相关著述介绍一下。

江林昌的《子弹库帛书"推步规天"与古代宇宙观》(《简帛研究》第三辑）认为《四时》篇的"推步规天"实际上是我

国原始宇宙观的一种反映，隐含着丰富的内容。帛书说，包戏、帝俊、共工诸神"推步规天"，这些神灵实际上都是宇宙创世神，与日月岁时等天文历法有关。在《四时》篇里，宇宙的创造过程正是通过包戏、帝俊等日月诸神的"推步规天"而完成的。推步规天原是我国古代宇宙论中的主要内容，这一点在其他书面文献里已零碎不全，而在帛书《四时》篇里则保存完整，颇值珍爱。连劭名的《长沙楚帛书与中国古代的宇宙论》（《文物》1991 年第 2 期）也对帛书《四时》篇与中国古代宇宙论之间的关系进行了论述。

曾宪通的《楚帛书神话系统试说》（"第二届中国古典文学国际研讨会——纪念闻一多百周年诞辰"，1999 年）对帛书中所涉及的神话人物包戏、女娲等进行了研究，并将之与"武梁祠画像"等材料进行了对比，对楚帛书中所见的神话体系进行了揭示。

郑刚的《楚帛书中的星岁纪年和岁星占》（《简帛研究》第二辑）一文则对楚帛书的历法背景和占星原理进行了进一步探讨。他认为，帛书《天象》篇的内容是一种在原始星岁纪年法背景下产生的早期岁星占，将历法缺陷带来的混乱用神话、宗教的方式加以解释是它的占星原理的主要来源，它是后代岁星占的雏形，但与星岁纪年法的联系更密切，岁星的中心地位更突出。《四时》篇从发生学和创世论的角度简述了世界的构成，《天象》则根据其星岁纪年背景和以岁星为中心的占星天文学来解释自然现象变乱的原理，并最终推向实用占星，《月忌》篇的选择术就是其应用的法则，虽然以十二个月为主导，但它也是星岁纪年体系和岁星占的一部分。因而，在楚帛书的结构中，《天象》是一个枢纽，在它的星岁纪年法和岁星占的联系下，帛书的广泛内容才连为一体，它将《四时》的宇宙结构、《天象》的天文历法和《月忌》的选择联系起来。

5. 对帛书残片的研究

上面我们介绍的都是对那件比较完整的楚帛书的研究情况（也有学者称之为"第一帛书"），实际上我们已经知道，楚帛书不止这一件，而是有若干件，只是其他帛书都已破碎而已。这些帛书碎片绝大部分也都收藏于赛克勒美术馆。从已经揭示的帛书残片来看，也都是属于阴阳数术一类的书籍。但是由于其材料至今尚未公布，人们还无法得知其详细情况。

帛书残片也有若干片保存在国内，后来归商承祚收藏，共十四片，可惜其中的十三块残片现已不知下落，仅存原物照片和摹本，另外还有一片最大的残帛保存了下来。1992 年商承祚的哲嗣商志䕩将这些材料公布后，饶宗颐、李学勤、伊世同和何琳仪都进行过研究[22]。饶宗颐对最大的那片残帛作了释文，李学勤则对所有的残帛文字都进行了隶定和考释，并指出，帛书残片是占书，应与完整的那件楚帛书一样划归数术类。天文家数术在战国时特为流行，楚国本有天文家之学，子弹库帛书存有星占，并非偶然。已知的这些楚帛书都属于数术一类，说明阴阳数术之学在楚国的盛行，这对于我们研究学术思想史及数术传统很有意义。伊世同和何琳仪的文章则认为那片最大的残帛中的"坪"（饶宗颐释为"唇"）字即文献中的"平星"，并对有关问题进行了讨论。

注　释

[1] 关于帛书的出土时间，海内外有种种不同的说法。梅原末治、钱存训、巴纳

等学者认为帛书是 20 世纪 30 年代后期出土的，不过从各方面的情况看，更为合理的时间应是 1942 年 9 月。参看李零《楚帛书的再认识》，见《李零自选集》，广西师范大学出版社 1998 年版。

[2] 蔡季襄《战国楚缯书》："竹笈，又名篋，即贮藏缯书者，亦木椁墓出土。有盖，高时有半（器盖相同），纵长八吋，横长四吋半。器盖及底均用竹丝编成人字纹样。四周则作六棱孔状，内糊薄绢，工极精巧。但此项竹笈出土，物质腐败，无法保存，故四周均已破损，不成器形，且竹丝被水所浸蚀，已成黑色，致原有色泽不明，惟其中间有朱色者，尚隐约可辨。"

[3] 陈梦家《战国楚帛书考》，《考古学报》1984 年第 2 期。

[4] "土夫子"们回忆说："《缯书》一端搭在三脚木寓龙尾部，一端搭在竹笥的盖上"（《长沙子弹库战国木椁墓》所附），这与帛书的摺叠痕迹不合。巴纳据当事人回忆云，帛书系塞在椁木间，亦不确。

[5] 商承祚《战国楚帛书述略》，《文物》1964 年第 9 期。

[6] 由于长时间里中国学者看不到竹篋原物，蔡季襄有关竹篋的论述一直无法得到印证；而陈梦家和商承祚对于竹篋大小的描述也不尽相同，故学者始终无法断其是非。20 世纪 90 年代，李零赴美国弗利尔美术馆，经过努力，终于获睹竹篋实物。根据实物情况，李零指出：（1）蔡季襄对于竹篋的尺寸大小与纺织方式的描述与实物大体接近。（2）实物在篋丝间可见若干经纬疏松、没有字迹的残片，盖即蔡、陈所说的"内糊薄绢"，但这些帛片也有可能是帛书残片，还应检验。（3）这件竹篋因出土后未经脱水处理或用清水浸泡，已变黑变朽，现在盖面起支撑作用的两组十字交叉状的粗篋已断离盖面，盖器的四壁也已塌陷，尤以边缘和四角损害更为严重。对照蔡氏所说，足证这些损坏并不都是后来发生的。（4）蔡氏"原有色泽不明，唯其中间有朱色者，尚隐约可辨"，现可见盖面纹饰是以墨绿色的方块纹层层相套，间以黄色，粗篋所覆之处则作暗红色。（5）篋中所出还有一些皮革碎片，上面粘有残帛，推测可能是用以保护帛书的书帙或用于隔潮的垫片，这一点蔡氏没有提到。详见李零《楚帛书的再认识》，《李零自选集》，广西师范大学出版社1998 年版。

[7] 发掘报告见湖南省博物馆《长沙子弹库战国木椁墓》，《文物》1974 年第 2 期。

[8] 据沈筠苍所说，唐裁缝收藏的楚帛书"大块的不多，小块的累累"。按照这种说法，比较完整的那件楚帛书似乎不在其中，从而给后人造成了一个疑案：那件较完整的楚帛书最初并没有为唐裁缝所得？抑或当时唐裁缝没有将

比较完整的那件帛书出示给沈筠苍？抑或是沈筠苍本人的叙述不够准确？笔者认为，比较完整的那件楚帛书最初也被唐裁缝所得，如果唐裁缝手中没有这件帛书，只有一些残帛，蔡季襄似乎不会有那么大的兴致。

[9] 陈松长《帛书史话》，中国大百科全书出版社 2000 年版。

[10] 蔡季襄后来再次去找柯强时，柯强已因其父去世赶回美国去了。从此蔡氏与柯强再也未能见面。蔡氏曾于 1947 年底托即将赴美留学的原长沙雅礼中学学生吴柱存代其在美寻找柯强，吴柱存虽然找到了柯强，但也没有什么结果。1950 年吴氏回国，蔡氏也因贩卖文物去广州被拘审。几个月后蔡氏被收录为湖南文物管理委员会的工作人员后，从此再也没有和吴氏联系。蔡氏至死也不清楚帛书在美的情况，也没有再收到过柯强的任何书信和余款。

[11] 详见李零《中国方术考》第三章《楚帛书与日书：古日者之说》第 167～185 页，人民中国出版社 1993 年版；《楚帛书的再认识》，《李零自选集》第227～262 页，广西师范大学出版社 1998 年版。

[12] 美国的收藏家们当时都未能认识到楚帛书的重大价值。李零曾形象地说，当时美国收藏家们是重"皮毛"而轻文字，因此帛书老卖不动。

[13] 据说辛格给赛氏打电话说："哪怕把你所有的藏品全都扔进哈得逊河，得此一物亦足矣。"

[14] 见商志䜩《记商承祚教授藏长沙子弹库楚国残帛书》，《文物》1992 年第 11期；又：《商承祚教授藏长沙子弹库楚帛书残片》，《文物天地》1992 年第 6期。

[15] 李学勤《楚帛书中的天象》，《简帛佚籍与学术史》第 37 页，时报文化出版公司 1994 年版。

[16] 李学勤《补论战国题铭的一些问题》，《文物》1960 年第 7 期。

[17] 本文是陈梦家生前未完成的一篇作品，全文分"叙记"和"考释"两部分，其中"考释"部分未完成，但"叙记"部分基本完整。本文详细讨论了帛书的性质，指出楚帛书应属战国中期的楚月令。见《考古学报》1984 年第 2期。

[18] 李学勤《楚帛书中的天象》、《楚帛书中的古史观与宇宙论》、《再论帛书十二神》（皆收入《简帛佚籍与学术史》，时报文化出版公司 1994 年版）、《长沙楚帛书通论》、《谈祝融八姓》（收入《李学勤集》，黑龙江教育出版社 1989年版）等。

[19] 见曾宪通送与笔者的《楚帛书研究论著目录》，打印稿。

[20] 见李零《中国方术考》第三章《楚帛书与日书：古日者之说》第 179 页，人

民中国出版社 1993 年版。

[21] 上述内容皆据曾宪通的《楚帛书研究述要》一文。李零在《〈长沙子弹库战国楚帛书研究〉补正》(《古文字研究》第 20 辑，中华书局 2000 年版）一文中，认为这六说其实应该做进一步归纳。"因为第一，上述（1）说是错误的，已无人赞同；第二，上述（2）（5）两说并不是特殊的一类，帛书与巫术有关，大家都公认，而帛书属于广义的阴阳家说，拙作也先已发之；第三，李学勤先生亦持历忌说。所以，这些说法，最主要的还是'月令说'、'历忌说'和'天官书说'三种"。

[22] 饶宗颐《长沙子弹库残帛文字小记》，《文物》1992 年第 11 期。李学勤《试论长沙子弹库楚帛书残片》，《文物》1992 年第 11 期。伊世同、何琳仪《平星考——楚帛书残片与长周期变星》，《文物》1994 年第 6 期。又李学勤在 1990 年第 1 期《江汉考古》上曾发表有《长沙子弹库第二帛书探要》一文，对第一帛书上的印痕（即所谓的"第二帛书"）进行过研究。但是据李零介绍，这件"第二帛书"，实际上是巴纳博士拼凑的一个示意图，并不是楚帛书上原有的印痕文字，因此这里从略。

二　马王堆帛书的发现与基本情况

马王堆汉墓的发掘是新中国最重要的考古发现之一，在世界考古学史上也占有重要的地位。对于马王堆汉墓发掘的意义及其重要地位，李学勤曾经形象地指出："真正的重大发现当然包括相当数量的珍品，但其根本的意义并不仅在于此。重大的考古发现应当对人们认识古代历史文化起重要影响，改变大家心目中一个时代、一种文化以至一个民族的历史面貌。只有这样，才称得上是必须载入考古史册的重大发现。70 年代湖南长沙马王堆汉墓的发掘，就是这样意义的重大发现。……发现中有完好无损的女尸，有成组成套的物品，还有内容缜密的帛书、竹木简。这三项有其一，已可说是重要发现，如今三者兼有，在中国考古史上尚没有其他例子。"[1]在马王堆发现的这些珍贵文物中，总数达十余万字的各种帛书文献一直是学术界关注的焦点之一，近三十年来，有关这些帛书的讨论在国内外一直持续不衰。以下我们根据所了解的情况，对马王堆帛书的发现、整理和研究情况进行概述。

（一）马王堆帛书的发现[2]

马王堆位于湖南省长沙市东郊五里牌外，距长沙市中心 4 公里（图一〇），这里地势平坦，交通便利，其中心有一个方圆约 0.5 公里的土丘，土丘中部残留着两个东西相邻的土冢。

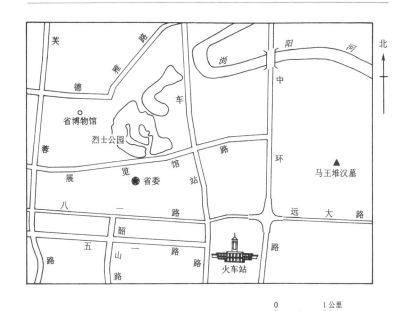

图一〇　马王堆汉墓位置图（引自《长沙
马王堆二、三号汉墓·第一卷》）

土冢各高约 16 米，底径各约 40 米，顶部圆平，直径各约 30 米。两冢平地兀立，中间接连，远远望去，形状很像一个马鞍（图一一）。

　　1972 年，考古工作者发掘了东边的土冢，发现这是一座汉墓，故将其定名为马王堆 1 号汉墓。马王堆 1 号汉墓的发掘获得了丰硕成果，墓中出土了一具保存完好的女尸，另外还发现了 T 形帛画、素纱蝉衣、漆器、乐器和木俑等一千余件珍贵文物。

　　1 号汉墓西边的土冢为马王堆 2 号汉墓。在发掘 1 号汉墓的过程中，又在它的南面发现了一座汉墓，考古工作者将之命

图一一　马王堆汉墓远景（引自《长沙
马王堆二、三号汉墓·第一卷》）

名为马王堆 3 号汉墓。3 号汉墓仅距 1 号汉墓 4.3 米，由于 3 号汉墓的封土堆几乎全部被 1 号汉墓的封土所覆盖，外表很少露出痕迹，所以长期以来人们一直以为这里只有二座墓葬（图一二）。

1973 年，考古工作者发掘了 3 号汉墓（图一三），墓中共出土了一千余件随葬器物，包括帛画、帛书、简牍、兵器、乐器、漆器、木俑、丝织品和博局等。其中帛书全部出土于东边箱的 57 号长方形漆奁（图一四）。漆奁长 59.8 厘米，宽 37 厘米，高 21.2 厘米，内有五格，大部分帛书放在漆奁中间较大的一个格子里，少部分放在边上那个较窄的通格里，上面还压着两卷医书竹简[3]。由于年久粘连，帛书已有残损。

3 号墓出土的简牍从内容上看可分为遣策和医书两种，其中的木牍记有该墓的下葬年代，时间是“十二年二月乙巳朔戊辰”。另外，墓中还出土了带有“轪侯家”铭文的漆器。“轪

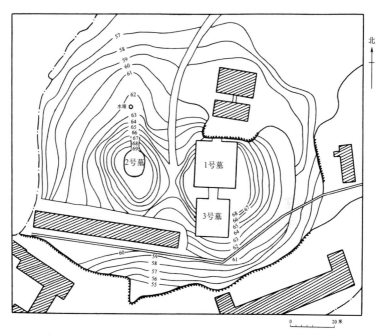

图一二　马王堆 1、2、3 号汉墓平面分布图

（引自《长沙马王堆二、三号汉墓·第一卷》）

侯"系汉惠帝封给长沙相利苍的爵位，而汉文帝初元十二年二月恰好是乙巳朔。这样 3 号墓的年代就得以确定，为汉文帝初元十二年（前 168 年）。

马王堆 2 号汉墓的发掘工作从 1973 年 12 月开始，至 1974 年 1 月结束。2 号墓由于密封不好，加之历史上多次被盗，所以保存情况较差。在墓内残存的随葬品中，最重要的是三颗印章。一颗是玉质私印，刻阴文篆体"利苍"二字，另两颗是铜质明器，分别刻阴文篆文"轪侯之印"和"长沙丞相"（图一五），从而为判断 2 号墓墓主的身份提供了证据。

图一三　马王堆 3 号汉墓发掘现场（俯视）

（引自《长沙马王堆二、三号汉墓·第一卷》）

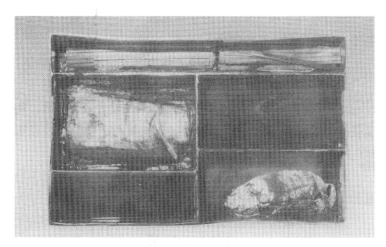

图一四　存放帛书的漆奁（引自《长沙马王堆二、三号汉墓·第一卷》）

图一五　马王堆 2 号汉墓出土印章（引自
《长沙马王堆二、三号汉墓·第一卷》）

通过对马王堆三座汉墓的全部发掘，这三座汉墓的年代与墓主身份等问题也得以明确。

2号墓出土的三颗印章是马王堆为利苍一家墓地的确证，从而纠正了过去将之说成长沙王刘发等人墓地的说法。据《史记·惠景间侯者年表》和《汉书·高惠高后文功臣表》记载，利苍是汉惠帝二年（前193年）被封为轪侯的，死于吕后二年（前186年），由此可知2号墓的时间即应当在此年。

3号墓出土的一件木牍上有明确的纪年，据此而推定3号墓的年代为汉文帝初元十二年（前168年），其情况已如前述。

至于1号墓的年代，由于它分别打破了2、3号墓，从地层关系上看是晚于2、3号墓的。但是，1号墓和3号墓的随葬器物，无论是漆器的形制、花纹和铭文，还是丝织品的图案，或者简牍文字的书体、风格都非常接近，如出一人之手；而1号墓出土的泥"半两"和3号墓填土中所出的"半两"钱，又同样是文帝时期的四铢半两，因此，两墓的年代应该相当接近，可能相距仅数年而已。其中，2号墓是第一代轪侯利苍之墓，1号墓则应是利苍妻子的墓，她比利苍晚死大约二十余年。

弄清楚了马王堆三座墓的年代，那么三者之间的关系也就比较容易解决了。1号墓与2号墓东西并列，都是正北方向，两墓中心点的连接线又是正东西向，封土也几乎同大，由此推断这是两座不同穴的夫妇合葬墓。男西女东，正符合"古时尊右"的习俗。

而3号墓紧靠1号墓的南方，即利苍妻子之墓的脚下，两墓墓口相距仅4.3米。据鉴定，1号墓女尸的年龄为五十岁左右，3号墓墓主的遗骸为三十多岁的男性，两者相差二十多岁，当是母子关系。因此，3 号墓墓主应是利苍夫妇的儿子。

（二）马王堆帛书的基本情况

前面已经提到，在马王堆 3 号墓东边箱的 57 号长方形漆奁中出土了大批帛书。这些帛书由于长期卷压折叠，已经残破断损。因此这些帛书出土后，立即由湖南省博物馆和故宫博物院的专家进行了精心的修复，妥善保存起来。随后，在 1974 年 3 月，国家文物局正式成立了马王堆汉墓帛书整理小组，对帛书进行精心的复原、整理、释文和注释工作。

这些帛书的质地是生丝织成的细绢。帛的高度大致有两种：一种为 48 厘米左右，一种为 24 厘米左右，即分别用整幅和半幅的帛横放直写。画表和图的帛，幅面大小视需要而定。出土时，整幅的帛书折叠成长方形，半幅的帛书卷在二三厘米宽的竹木条上，一同放在漆奁中。

帛书一般都是横摊着从右端开始直行写下去，有的先用墨或朱砂画好上下栏，再用朱砂画出 7～8 毫米宽的直行格（即后来所说的"乌丝栏"或"朱丝栏"），这种行格很像后世的信笺，实际上是模仿了竹木简的样子；有的则不画行格。整幅的帛书每行七十字左右，半幅的帛书每行写三十余字。除个别字用朱砂书写之外，都是用墨书写。墨的原料是用松枝等烧成的烟炱。

帛书的长短很不一致。短的，一段帛上只写一种书或画一幅图。长的就不同了，写完一种书或画了一幅图后，也不剪断，就另起一行接着写下一种书，或者画另外的图。所以一幅长帛上常常有好几种帛书。

　　帛书的体例也不一致。有的帛书在第一行顶上涂一黑色小方块作标记,表示书从这里开始。有的帛书则没有行首标记。有些书是通篇连抄,不分章节;有的用墨点记号分章;有的则提行另起章节。大部分帛书都没有书名,有标题的一般都写在文章的末尾,并记明字数。这种篇章题记的表示方法在古籍中是常见的。

　　总起来看,帛书的样式与简册非常相似。根据文献记载,汉代书籍所用的简大致有长、短两尺度。长简为汉尺二尺四寸,用来书写经典;短简为一尺二寸或一尺,也有八寸的,用来抄写诸子、传记等[4]。帛书也有整幅和半幅两种尺度,与简册大体相同。至于帛书尺度与内容的关系,西汉则似乎没有东汉那么严格。

　　帛书的字体大致有三种,一是篆书,二是隶书,三是处于篆隶之间的草篆,又称秦隶。书写字迹也表现出不同的风格,有的工整秀丽,有的洒脱、显得潦草,显然不是出于一时一人之手。这些迹象表明,帛书抄写的年代正处于汉字急剧演变的时期。我们知道,战国时期诸侯割据,各国文字差别很大。秦统一全国后,进行了"书同文字"的工作,把秦的篆书向全国推广。秦代除了篆书作为标准字体外,还以民间流行的隶书作为日用文字。隶书也是从周秦篆书演变而来,字体已经接近楷书。由于隶书结构简省,书写方便,所以在汉初隶书已经逐渐取代篆书。从帛书中可以清楚地看到从秦代到汉初汉字的这种演变趋势,从而给我们留下了秦汉之间汉字的演变轨迹。另外,有一些帛书从字体上看显然出自同一人之手,学者们根据这些帛书的抄写情况,认为当时已经出现了职业抄手,比如用隶书抄写的一些帛书,其抄写时间应该在文帝初年,当都是出自一位职业抄手之手[5]。

　　马王堆帛书的种类十分丰富。我们知道，西汉成帝年间，刘向、刘歆父子等人曾奉旨对当时皇室所藏图书进行了一次大规模的整理工作，他们把当时的图书分成六大类，即六艺、诸子、诗赋、兵书、数术、方技，这种分类方法为后来班固的《汉书·艺文志》所沿用。如果我们按照《汉书·艺文志》的这种分类方法对马王堆帛书试作分类的话，可以发现它们涵盖了除诗赋类之外的其他五类图书。

　　马王堆帛书很多都没有篇名，不少帛书是由帛书整理小组根据其内容而定名的。由于马王堆帛书的整理工作至今还没有全部结束，很多帛书尚未正式发表。目前对于马王堆帛书数量的统计有不同的说法，以往最有代表性的观点是李学勤的二十八件帛书之说[6]。李学勤按照《汉书·艺文志》将它们试分为：

　　六艺：1.《周易》

　　　　　2.《丧服图》

　　　　　3.《春秋事语》

　　　　　4.《战国纵横家书》（或称《战国策》）

　　诸子：5.《老子》甲本，附佚书三种

　　　　　6.《九主图》

　　　　　7.《黄帝书》和《老子》乙本

　　兵书：8.《刑德》甲种

　　　　　9.《刑德》乙种

　　　　　10.《刑德》丙种

　　数术：11.《篆书阴阳五行》

　　　　　12.《隶书阴阳五行》

13.《五星占》

14.《天文气象杂占》

15.《出行占》

16.《木人占》

17.《符篆》

18.《神图》

19.《筑城图》

20.《园寝图》

21.《相马经》

方术：22.《五十二病方》，附佚书四种

23.《胎产书》

24.《养生方》

25.《杂疗方》

26.《导引图》，附佚书二种

其他：27.《长沙国南部图》

28.《驻军图》

最近湖南省博物馆的陈松长则进一步以单篇作为计数单位，将马王堆帛书分成以下六大类四十四种[7]：

一、六艺类

1.《周易·六十四卦》

2.《易传·系辞》

3.《易传·二三子问》

4.《易传·易之义》

5.《易传·要》

6.《易传·缪和》

7.《易传·昭力》

8.《春秋事语》

9.《战国纵横家书》

10.《丧服图》

二、诸子类

1.《老子》甲本

2.《老子》乙本

3.《五行》篇（或称《德行》篇）

4.《九主》篇（或称《伊尹·九主》）

5.《明君》篇

6.《德圣》篇（或称《四行》篇）

7.《经法》

8.《经》（或称《十六经》、《十大经》）

9.《称》

10.《道原》

三、术数类

1.《五星占》

2.《天文气象杂占》

3.《阴阳五行》甲篇（或称《式法》）

4.《阴阳五行》乙篇（或称《式法》）

5.《出行占》

6.《木人占》

7.《相马经》

8.《"太一将行"图》（或称《社神图》、《神祇图》、《避兵图》）

四、兵书类

1.《刑德》甲篇

2.《刑德》乙篇

3.《刑德》丙篇

五、方技类

1.《足臂十一脉灸经》

2.《阴阳十一脉灸经》甲本

3.《阴阳十一脉灸经》乙本

4.《脉法》

5.《阴阳脉死候》

6.《五十二病方》

7.《却谷食气》

8.《导引图》

9.《养生方》

10.《杂疗方》

11.《胎产书》

六、其他

1.《地形图》

2.《驻军图》

对比李学勤与陈松长对帛书的分类，不难发现两者对帛书的划分主要有两个不同：（1）陈松长将帛书《周易》与《易传》分开计算，并以单篇为单位计算帛书；李学勤则是以"件"为单位来讨论帛书。（2）李学勤所列的《园寝图》、《筑城图》等帛书，陈松长则将之视为帛画，未予论列。在本书中，我们将采用陈松长的分类方法来讨论帛书。当然，这里对帛书的分类只是大致的，有的帛书在分类时并不易区分具体的种类，似乎既可归入某一门类，也可以划入其他种类。比如帛书《刑德》，以其内容论，既可归入数术类，也可划入兵书类，似乎都能成立。又如《战国纵横家书》，在《汉书·艺文志·艺文略》中有"《战国策》三十三篇"，而在《诸子略》中又有"《苏子》三十一篇"，帛书《战国纵横家书》中有许多关于苏秦的新材料，有的学者认为该篇帛书就是已佚的"《苏子》三十一篇"，因此也不好归类。另外，由于许多帛书的名字都是暂时命名，不少帛书还未正式公布，其确切名称还要等帛书公布时再最后确定。

下面我们根据马王堆帛书整理小组的整理报告和有关学者的论述，介绍一下这四十四篇帛书的基本情况。

一、六艺类帛书

1.《周易·六十四卦》

帛书《周易》原无篇题，或称之为帛书《六十四卦》。它抄写在一幅宽 48 厘米，长约 85 厘米的丝帛上。横幅界画朱栏，字以墨书。每行字数不等，满行约为六十四至八十一字，总共九十三行，合约四千九百余字。从字体上看，抄写年代应在文帝初年，系出自一个职业抄手之手。

1974 年，《文物》杂志刊登了《马王堆二、三号墓发掘简报》，刊布了帛书《周易》的一张照片；至 1984 年，帛书整理小组以《马王堆帛书〈六十四卦〉释文》为题，公布了帛书《周易》经文的全部释文；帛书经文六十四卦的全部照片刊于 1992 年出版的《马王堆汉墓文物》一书中。

帛书《周易》的六十四卦每卦均有卦图，除个别字有残损外，六十四卦完备无缺。与通行本相比，帛书本《周易》的最大差异是卦序不同。通行本分上、下经，上经三十卦，始于乾，终于离；下经三十四卦，始于咸，终于未济。帛书本则不分上、下经，始于键（乾），终于益，其排列顺序亦有规律可

寻，即将八卦按照阴阳关系，排成键（乾）川（坤）、根（艮）
夺（兑）、赣（坎）罗（离）、辰（震）算（巽），然后以键、
根、赣、辰、川、夺、罗、算等为上卦，以上述阴阳组合的
键、川、根、夺、赣、罗、辰、算为下卦，再以上卦的每一卦
分别与下卦的八卦组合而形成六十四卦。这种排列方法与汉石
经、通行本完全不同，因此，帛书本《周易》显然是《周易》
别一系统的传本。

　　帛书《周易》与通行诸本的不同还表现在卦辞、爻辞的文
字多有差异。据统计，帛书卦辞（不含卦名）共六百三十六
字，与通行本不同者有八十一字。爻辞共三千四百四十四字，
与通行本不同的有七百七十一字，这些卦爻辞的异文大多属于
文字通假，如前面所列卦名之别，即属通假之故[8]。也有一
些地方帛书的文字对于校勘今本《周易》很有帮助。例如帛书
《周易》"渐"之六四云："鸿（鸿）渐于木，或直其寇，毁，
无咎。"《说文》："毁，从上击下也"，"直"读为"值"，意为
"遇到"。弄清了"毁"的意思，这条爻辞就很容易理解了，其
意思就是与"盗寇"相遇，击之无咎。可是这条爻辞在通行本
中作"鸿渐于木，或得其桷，无咎"。很显然，"无咎"二字的
前面掉了一个关键字，故第二句中的"直"被改成了"得"，
"寇"字换成了"桷"。王弼还为之注解曰："或得其桷，遇安
栖也。"其实桷是方形的屋椽，上面盖瓦，并非是鸿雁的栖息
之地，可见王弼的注释只是望文生义，解释得非常牵强。现以
帛本对勘，对《周易》此句的本义也就比较明白的理解
了[9]。不过，帛书《周易》中也有若干系帛书的抄写错误，
如帛书中的"象"字多误为"马"，令人殊不可解。这可能与
这位抄手在抄写时的笔误有一定关系[10]。

2. 帛书《系辞》

帛书《系辞》和另几篇易传古佚书同抄在一幅 48 厘米宽的整幅帛上，开篇处有长条形墨丁，帛中有朱丝栏界格，文字是规范的汉隶，共四十七行，约三千余字[11]。

马王堆帛书出土后，《周易》经文部分在 1984 年即已公布，但《易传》部分帛书整理小组一直没有正式公布，现在所见到的帛书《系辞》是以其他多种形式整理发表的。最早发表的帛书《系辞》是 1992 年由傅举有、陈松长编著的《马王堆汉墓文物》一书。同年 10 月，韩仲民的《帛易说略》一书出版，附刊所著《帛〈易〉系辞校注》。同年的《周易研究》第 4 期刊登了黄沛荣的《马王堆帛书〈系辞传〉校读》及所写释文。这一年，廖名春发表帛书《系辞》校补文章多篇[12]。1993 年，陈鼓应主编的《道家文化研究》第三辑推出了"马王堆帛书专号"，同时发表张政烺对帛书《系辞》的校本与陈松长所写的帛书《系辞》释文。1995 年，朱伯崑主编的《国际易学研究》第一辑出版，发表了廖名春对帛书《系辞》新写的释文。

与通行本相校，帛书《系辞》的主要不同是：不分上下篇；缺通行本《系辞上》的第八章和《系辞下》的第五、六、八章与第七章的一部分。

帛书《系辞》与通行本的不同还表现在许多文字的不同上，两相校勘，帛书本多有优胜处。例如通行本《系辞》中有："乾坤，其《易》之缊邪？"其中的"缊"字很费解。韩康伯注："缊，渊奥也。"虞翻注："缊，藏也。"孔颖达疏曰："乾坤是易道之所蕴积之根源也，是与易为川府奥藏。"这一解释总觉得比较费解。对比帛书本，我们不禁豁然明白，原来此

处是作"键（乾）川（坤），其《易》之经与（钦）?""经"意
为纲领，此句是说"乾坤"二卦是易的纲领，所以下文说：
"乾坤成列而易立乎其中矣，乾坤毁则无以见《易》矣"。两相
比较，帛书的"易之经"显较今本"易之缊"为胜。但是也有
些文字帛书本不如今本。如今本《系辞》言："仰以观于天文，
俯以察于地理，是故知幽明之故；原始察终，故知死生之说。"
在帛书本中，"察"、"原"两字都作"观"，连用三个"观"
字，便显然不及今本[13]。

3. 帛书《二三子问》（或作《二三子》）

帛书《二三子问》与帛书《六十四卦》同抄在一幅幅宽
48 厘米的帛上，紧接在帛书《六十四卦》之后。帛上画有朱
丝栏界格，字体是比较规范的汉隶。首有墨丁，文中以圆点分
为三十二节。全篇共三十六行，约二千五百余字。原件已断作
四块高 24 厘米、宽约 10 厘米的长方形残片，由于这件帛书的
首句为"二三子问曰"，张政烺据古书命名通例，将之称为
《二三子问》，已故的于豪亮则将其分为两篇来分析（张、于两
文均见《文物》1984 年第 3 期）。当时由于帛书原件尚未发
表，故学者们对于这两种意见还无从定其是非。

1993 年，《道家文化研究》第三辑发表了陈松长、廖名春
所做的《二三子问》释文，第一次公布了这件帛书。随后，
《国际易学研究》第一辑上又发表了廖名春新的释文，篇题也
改为《二三子》。该件帛书的照片已有三种刊出，一为刊于
《马王堆汉墓文物》的两行，一为刊于《文物》1994 年第 1 期
的一页，一为《马王堆汉墓研究文集》的图版，分别为第 1 行
"二三子问曰"至第 2 行"神能之至也"、第 4 行"……爵之曰
君子"至第 19 行"必顺五行，其孙贵而"的残片及重拼的大

部分残片。

《二三子问》的原文尽管原件多有残缺，但其文字大致可读。文中以圆点分为三十二节，第一节文字较长，论述"龙之德"，第二至第四节、第九至第十七节论述乾、坤两卦的爻辞，第五至第八节依次论述了蹇、鼎、晋三卦的卦爻辞，第十八至第三十二节末尾依次论述了屯、同人、大有、谦、豫、中孚、小过、恒、解、艮、丰、未济十二卦的卦爻辞。于豪亮认为自"二三子问曰"至"夕沂若历，无咎"止为一篇，其后至"小人之贞也"又另为一篇。事实上，尽管"夕沂若历，无咎"这一句后还剩三字的空位，书写者就另起一行了，但这并不能说明这是两篇帛书。相反，从其文字内容本身来看，这二千五百余字确实是首尾相贯的一篇《易传》著作，不好将之分开。另外，如果以帛书多以篇首墨丁作为分篇标志的这一特征来看，将之分为两篇也是不能令人信服的[14]。因此，后来的学者多依从张政烺的意见，将其视为一篇帛书。

《二三子问》解《易》有一明显的特色，就是只谈德义，罕言卦象、爻位和筮数，尤其是大部分解说都冠以"孔子曰"，更使之具有很浓厚的儒家学说色彩。例如："《易》曰：'杭（亢）龙有悔。'孔子曰：此言为上而骄下，骄下而不殆者，未之有也。圣人之立正（政）也，若遁（循）木，俞（愈）高俞（愈）畏下，故曰'杭（亢）龙有悔'。"又如："《易》曰：'龙战于野，其血玄黄。'孔子曰：'此言大人之宝德而施教民也，夫文之孝，采物暴存者，其唯龙乎？德义广大，法物备具者，〔其唯〕圣人乎？''龙战于野'者，言大人之广德而下接于民也；'其血玄黄'者，见文。圣人出法教以道（导）民，亦犹龙之文也，可谓'玄黄'矣，故曰'龙'。见龙而称莫大焉。"很显然，这是一篇儒家《易传》的古佚书之一。

帛书《二三子问》虽无传世之本可供参照，但其与许多卦爻辞的文字不同，特别有助于今人对通行本《周易》卦爻辞的理解和重新认识。例如通行本中未济的卦辞作："未济：亨。小狐汔济，濡其尾，无攸利。"其中的"小狐汔济"就很费解。帛书《二三子问》正好对此段卦辞进行了解释。帛书作："[小狐]涉川，几济，濡其尾，无遒利。"两相对勘，原来通行本在传抄过程中漏掉了"涉川"两字，而将"几"字又讹成了"汔"，这样，本来是很明白的一句话，就变得很难理解了。由此可见帛书《二三子问》对易学研究的重要作用和价值[15]。

4. 帛书《易之义》（或作《衷》）

帛书《易之义》篇紧接在帛书《系辞》之后，抄写在一幅48厘米宽的帛上，开篇的顶端有墨丁为记，帛书有朱丝栏，文字形体和《系辞》一样，是规范的汉隶。

这篇帛书尽管断为两截，但开头四五行尚清楚，尔后便有几行残缺，到十四五行以后便趋于完整，至最后一行又有残缺。据估计全篇共约有四十五行，约三千余字。

帛书《易之义》的释文最早也是由陈松长和廖名春释出的，刊布于《道家文化研究》第三辑上。后来廖名春在《国际易学研究》上又发表了新的释文。1998年，台湾文史哲出版社出版了廖名春所著《帛书〈易传〉初探》。该书刊布了这篇帛书的所有照片（见该书图版1至图版5）。在本书中，廖名春还将这篇帛书的篇名改题为《衷》。

这篇佚书的定名较为复杂。由于它和《系辞》抄在一起，加之其中又包含了今本《系辞》下的第六章与第七章的一部分、第八章以及今本《说卦》的前三章，因此，先前学者往往将其视为帛书《系辞》的下篇。后来韩仲民提出不同意见，从墨丁作为分篇的标志出发，认为它显系另一篇佚书，张立文则据其首句"子曰易之义"将其定为《易之义》，也有学者称之为"子曰"篇[16]。廖名春曾怀疑该佚书也可能和其他几篇易传一样，也有它的原名，只是因为最后一行残缺而失落了。后来廖名春又从帛书照片中找出一残片，认为此残片正好可接于此件帛书的最后，其中的"衷"字则是这件帛书的篇名，因此径以《衷》命名此篇。不过因这一名称还不太为学者所熟悉，本书还是沿袭《易之义》的称呼。

《易之义》文中以圆点隔开为若干章节，但由于帛书本身残缺较多，其确切章节无法确定。据其内容，大致可以分为如下几部分：（1）第一至第二行说阴阳和谐相济，乃是《易》之要义，即所谓"易之义，唯阴与阳，六画而成章"，这大概也是此篇所着重阐述的主要内容。（2）从第三行至第十行是对《周易》的许多卦义进行陈说。（3）从第十三行至第十五行左右，为今本《说卦》的前三章，内容较为完整，但"天地定立（位）"四句，则根据帛书卦序对《说卦》文进行了改造。（4）第十六行至第二十一行左右，阐述乾、坤之"参说"。（5）从第二十二行至第三十四行，分别阐述了乾坤之"羊（详）说"。（6）从第三十四行至第四十五行，为今本《系辞下》的第六、七、八、九章（依朱熹《周易本义》所分）。

通篇来看，这篇古佚书主要阐述了阴阳关系在易学中的重要性和作用，其思想有较多儒家思想的倾向。如："上卦九者，赞以德而占以义者也。履也者，德之基也。嗛（谦）也者，德之柄也。复也者，德之本也。恒也者，德之固也……"。这是比较鲜明的儒家重德思想在《易传》中的反映。

5. 帛书《要》

帛书《要》篇和帛书《系辞》、《易之义》同写在一幅宽48厘米的帛上，它紧接着《易之义》篇。本篇篇首有残存的墨丁，篇尾有标题："《要》，千六百卌（四十）八"，可知此篇原本就以《要》名篇。全文用比较规范的汉隶书写，行与行之间有朱丝栏界格。

帛书《要》篇的释文最早亦由陈松长、廖名春释出，刊登在《道家文化研究》第三辑上，后来《国际易学研究》第一辑又发表了廖名春的新释文。1998 年，台湾文史哲出版社出版了廖名春所著《帛书〈易传〉初探》，该书刊布了这篇帛书的所有照片（见该书图版 6 至图版 8）。

帛书《要》篇的开头几行已残，根据其所记的实际字数和每行所写的大致字数推断，篇首大约残了六行左右，而全文大约是二十四行，共一千六百四十八字。《要》篇文中亦有圆点作为章节区分的标志，由于篇首部分残缺过多，故具体章节数目无法统计，但自第九行起，分章情况就鲜明了。从其内容看，大致可以分为如下几部分：（1）从第九行（包括第八行的一部分）至第十二行"此之胃也"可能属一章，其内容主要是今本《系辞》下篇第五章的后半部分（依朱熹《周易本义》所分）。（2）从第十二行"夫子老而好《易》"至第十八行"祝巫卜筮其后乎"，主要是记载孔子晚年与子赣（贡）论《易》之事，着重叙述了孔子晚年好《易》的原因。（3）从第十八行最后两字至第二十四行末为一章，主要记叙孔子对其门人弟子讲述损益两卦的内容和哲理。

帛书《要》篇的学术价值，也许当以后两部分最为重要，因为这是对孔子晚年与《易》的关系的最好说明。孔子与《周易》及《易传》的关系问题，过去一直存在争议。《要》篇中说："孔子老而好《易》，居则在席，行则在囊"，这与《史记·孔子世家》、《田敬仲完世家》、《论语·述而》的记载可以印证，而孔子对损、易二卦的赞赏也与《淮南子·人间》、《说苑·敬慎》和《孔子家语·六本》的记载相互支持。可见至少在汉代初年，人们是知道孔子晚年不仅好《易》，而且传《易》的。这对一直存在争议的关于孔子与《易传》关系的研究，无疑是最有说服力的材料和证明。

6.帛书《缪和》和《昭力》

帛书《缪和》紧接着《要》篇，另起一行，抄在同一幅48厘米宽的帛上。篇首有墨丁，首句为"缪和问于先生曰"，以"观国之光，明达矣"作结；篇末空一字格，有标题《缪和》二字，但无字数统计。帛书间有残缺，现存约七十行，共五千余字，帛书格式和字体与上述诸篇相同。

帛书《昭力》紧接着帛书《缪和》篇，也另起一行抄写。该篇帛书篇首没有墨丁，首句为"昭力问曰"，以"良月几望，处女之义也"作结，最后空一字格，有标题"昭力"二字，故一般仍将其视为单独的一篇来处理。这篇帛书篇幅较短，共十四行，约九百三十余字。值得注意的是，这篇仅九百余字的帛书在篇题"昭力"之后又空一字格，记字数"六千"。于豪亮曾经指出，这个字数应是《缪和》、《昭力》两篇字数的总和，甚确。

帛书《缪和》和《昭力》虽然各自名篇，但从内容来说，它们实如一体，犹如一篇文章的上、下两篇。《昭力》篇首没有墨丁标志，而最后所记字数"六千"，实又包括了《缪和》在内，可能与此有关。

帛书《缪和》、《昭力》的释文，最早见于1995年1月出版的《国际易学研究》第一辑，系由廖名春所释。同年6月，《道家文化研究》第六辑也刊出了陈松长所作的释文。1983年出版的《中国博物馆丛书》第二卷《湖南省博物馆》收有一页帛书照片，系《缪和》篇末第四十九行下"子曰：恒之初六曰睿恒"至《昭力》篇首行的残片。1998年，台湾文史哲出版社出版了廖名春所著《帛书〈易传〉初探》，该书刊布了帛书《缪和》与《昭力》的所有照片（见该书图版8至图版16）。

与帛书《二三子问》、《易之义》和《要》一样，《缪和》、《昭力》大体上也是以问答的形式解《易》。两篇共约二十七段，段与段之间用黑色的小圆点断开。其中《缪和》约二十四段，第一至第五段是缪和向先生问《易》，讨论了涣卦九二爻辞、困卦卦辞、□卦、谦卦九三爻辞、丰卦九四爻辞之义。第六至第八段是吕昌向先生问《易》，讨论了屯卦九五爻辞、涣卦六四爻辞、蒙卦卦辞之义。第九段是吴孟向先生问《易》，讨论了中孚卦九二爻辞之义。第十段是庄但向先生问《易》，讨论了谦卦卦辞义。第十一段是张身向先生问《易》，也是讨论谦卦的卦辞义。第十二段是李羊向先生问《易》，讨论了归妹卦上六爻辞之义。第十二段至第二十四段解《易》的形式为之一变，它们不再是问答体，而是直接以"子曰"解《易》和以历史故事证《易》。其中第十二至第十八段每段皆以"子曰"开头，依次阐发了复卦六二爻辞、讼卦六三爻辞、恒卦初六爻辞、恒卦九三爻辞、恒卦九五爻辞、坤卦六二爻辞之义。第十九段至第二十四段则先叙述一个历史故事，再引《易》为证，这种形式与《韩诗外传》解《诗》如出一辙。具体来说，第十九段是以汤田猎德及禽兽的故事来阐明比卦九五爻辞之义。第二十段是以魏文侯礼遇段干木事来阐说益卦九五爻辞之义。第二十一段是以吴太子辰归（馈）冰八管，置之江中，与士人共饮，因而士人大悦，大败荆人的故事来阐明谦卦上六爻辞之义。第二十二段是以倚相说荆王从越分吴事阐明睽卦上九爻辞之义。第二十三段通过沈尹树（戍）陈说伐陈之利阐明明夷卦六四爻辞之义。第二十四段通过史黑（默）向赵间（简）子分析卫不可伐之事阐明观卦六四爻辞之义。这种大量用历史故事来解说《周易》卦爻辞之旨的方法，可以说开了以史证《易》的先河。

帛书《昭力》共三段，都是以昭力问《易》、先生作答的形式出现的。第一段是阐发师卦六四爻辞、大畜卦九三爻辞及六五爻辞的"君卿大夫之义"，第二段是阐发师卦九二爻辞、比卦九五爻辞、泰卦上六爻辞的"国君之义"，第三段是阐述"四勿之义"。与《缪和》等比较，《昭力》解《易》综合性强，《缪和》与《二三子问》等，一般是就具体的一卦一爻之义进行讨论，而《昭力》则糅合数卦数爻之辞，阐发它们的共同意义。

《缪和》解《易》，不言数，只有一处分析了明夷卦的上下卦之象，其余都是直接阐发卦爻辞的德义。《昭力》则全是谈卦爻辞的政治思想。这种倾向，与帛书《二三子问》等篇也是比较一致的。

帛书《缪和》、《昭力》所载《周易》经文，与通行本也有一些不同，可以用之校正通行本的一些错误。如蒙卦卦辞今本作："蒙：亨。匪我求童蒙，童蒙求我；初筮告，再三渎，渎则不告。利贞。"而《缪和》第八段称引和解释此条卦辞，

"告"字皆作"吉",与帛书《六十四卦》、汉石经本相同。看来今本之"告"当属"吉"字形近而讹[17]。

帛书《缪和》还有一个很有价值的方面,就是第十九至第二十四段记载了六个历史故事,这些历史故事虽然大多见于《吕氏春秋》、《新书》、《说苑》、《新序》、《韩诗外传》、《大戴礼记》等书,但仍提供了许多新的信息。如第十九段记汤网开三面,德及禽兽,感化的诸侯有"四十余国",而《吕氏春秋·孟冬纪·异宝》和《新序·杂事》都说是"四十国",《新书·谕诚》则只说"士民闻之","于是下亲其上",比较而言,《缪和》所载最详。第二十段记魏文侯过段干木之闾而式(轼)事,《新序·杂事》、《史记·魏世家》、《艺文类聚》所引《庄子》都有类似记载。但《缪和》点出了"其仆李义"之名,而其他文献都只云"其仆",可见《缪和》的作者更清楚此事。不然,它就不会保留这些真实的细节。又如第二十一段记吴舟师大败楚人,"袭其郢,居其君室,徙其祭器",与《左传》、《史记》所述相同,但"太子辰归(馈)冰八管",吴王夫差置之江中,与士同饮,因而使士气大振之事,却为史籍所无。总起来看,这些历史故事都为历史记述提供了新的材料,值得重视。

7. 帛书《春秋事语》

帛书《春秋事语》抄写在宽约 24 厘米、长约 74 厘米的半幅帛上,帛书的前部残缺较重,不知道到底缺几行。后面部分比较完整,尚有余帛没有写字。帛书原来卷在一块约 3 厘米宽的木片上,约十二三周,由于帛质腐朽,加之棺液的浸泡,出土时已断裂成大小不等的二百多个碎片。经过整理,全篇现存十六章,每章都提行另起,多用墨点作为分章符号,但没有篇题,也没有书名。全篇共约九十七行,上有直界乌丝栏,字体由篆变隶，不避汉高祖刘邦的讳，抄写年代大致在秦末汉初（前 200 年左右）。

《春秋事语》的释文最早发表于《文物》1977 年第 1 期上。1978 年文物出版社出版的线装本《马王堆汉墓帛书·叁》（共一函三册），公布了本篇帛书的所有照片，并附有释文。1983 年文物出版社出版的精装本《马王堆汉墓帛书·叁》中，也收录了本篇帛书的所有照片，并附有释文。

帛书《春秋事语》各章所记史实最早的是鲁隐公被杀，最晚的是韩、赵、魏三家灭智伯，其记事年代与《左传》相近。每章所记之事，彼此不相连贯，既不分国别，也不分年代先后，每章所记，凡记事都比较简略，但记言论则比较多，可见此书重点不在记事而在记言，是先秦书籍中一种比较常见的"语"式体裁。因此，马王堆帛书整理小组将其定名为《春秋事语》。

8. 帛书《战国纵横家书》（或作《战国策》）（图一六）

《战国纵横家书》是用半幅帛抄写而成，帛长 192 厘米，宽 24 厘米，每行三四十字不等，首尾基本完整，后面尚有余帛没有写字。全篇帛书共三百二十五行，一万一千余字。本篇帛书的字体在篆隶之间，避汉高祖刘邦之讳，当是公元前 195 年前后的写本。

帛书《战国纵横家书》的释文和注释曾先后有过四种版本，即：

（1）马王堆汉墓帛书整理小组《马王堆汉墓帛书〈战国策〉释文》，《文物》1975 年第 4 期。

（2）马王堆汉墓帛书整理小组《战国纵横家书》，单行本，文物出版社 1976 年版。

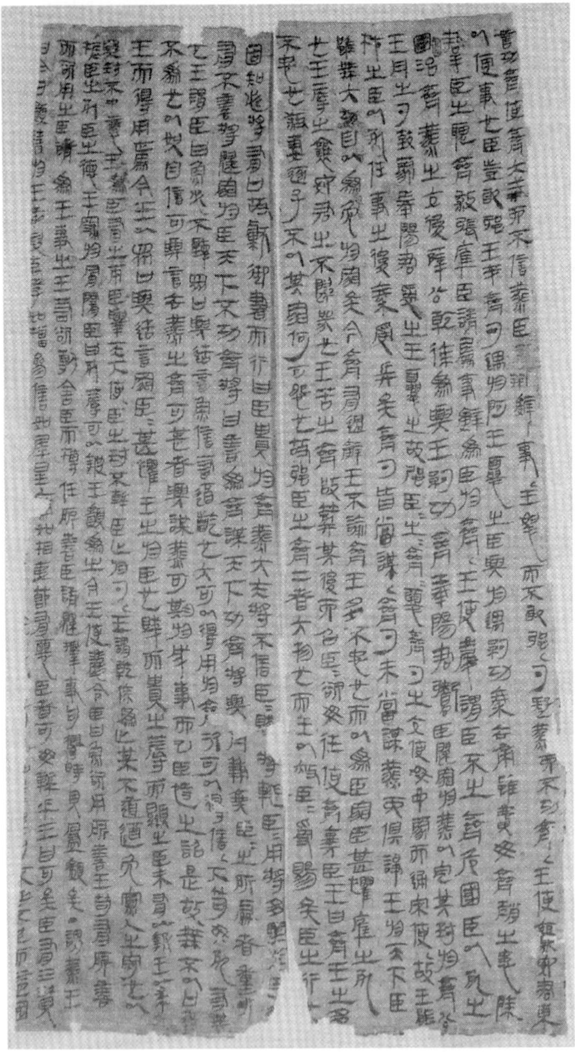

图一六 帛书《战国纵横家书》局部

（引自《马王堆汉墓文物》）

（3）马王堆汉墓帛书整理小组《马王堆汉墓帛书·叁》，线装本，一函三册，文物出版社 1978 年版，收录《战国纵横家书》的图版、释文及照片。

（4）马王堆汉墓帛书整理小组《马王堆汉墓帛书·叁》，精装本，文物出版社 1983 年版，收录《战国纵横家书》的图版、释文及照片，是最后的定本。

帛书《战国纵横家书》共分为二十七章，每章用小圆点隔开，不提行。二十七章中见于司马迁《史记》和刘向所编《战国策》的只有十一章，此外的十六章都不见于现存的传世古籍。这二十七章根据其内容大致可分为三部分，第一部分是前面十四章，都和苏秦有关，只有第五章见于《史记》和《战国策》。第四章的一部分，《战国策》虽有而脱误很多。第一章到第七章，是苏秦给燕昭王的信和游说辞。从第八到第十四章是苏秦等人给齐滑王的信和游说辞。第二部分是第十五章至第十九章，这几章在每章末尾都有字数统计，并在第十九章末尾有这几章字数的总计，所以显然是另一个来源，其内容主要是战国游说故事的记录，除第十七章外，都见于《战国策》或《史记》。第三部分是最后八章，根据其中有关苏氏游说的资料未和首十四章有关苏秦的资料编在一起来判断，这应该是另一种辑录战国游说故事和纵横家游说言论的本子。最后三章也都不见于传世古籍。

帛书《战国纵横家书》的出土，为我们提供了许多战国后期的历史资料，弥足珍贵。尤其是第一部分十四章有关苏秦活动的新材料，极大地充实了战国史研究的内容。司马迁等人对于苏秦活动的年代和有关史实的叙述有不少错乱之处，如《史记》称苏秦与张仪是同学，据帛书则可以知道：公元前 312

年，当苏秦在楚游说陈轸门下的时候，还是初露头角的年轻人，而此时的张仪已是"烈士暮年"的长者了，可见《史记》乃至《战国策》的记载，至少把苏秦的卒年提前了三十年。

帛书《战国纵横家书》亦为有关历史文献的整理提供了有力的佐证。例如《战国策·韩策三》有"韩人攻宋"章，经与帛书对勘，乃知"韩"字是"齐"字之误。而《战国策·齐策四》中的"苏秦自燕之齐"章在《史记》中就误将"苏秦"写作了"苏代"。更典型的一个例证是：今本《战国策·赵策四》的《赵太后新用事》章中，有"左师触詟愿见太后"一语，《史记》作"左师触龙言愿见太后"。两种本子孰是孰非，颇难公断。今帛书所记与《史记》相同，这就证明了《史记》本的正确，因而也就澄清了这一久疑未释的历史之谜。

9.《丧服图》（或称《丧制图》）

《丧服图》绘于一幅长 26.2 厘米、宽 48 厘米的整幅帛上，全图由一个朱色的伞盖和十九个正方形色块（加上残缺部分应是二十四块）组成，从上到下有部分方块中间有墨线相连，其中左侧一线有五块朱色，其他均为黑色。这种图形或许是轪侯家族的一个表示亲疏关系的族系示意图，朱色也许意味着嫡传的关系。由于该图中有六行五十六字的丧服制度记载，因此，我们将其划在帛书内进行介绍。

这五十六字主要记述汉初人服丧的有关规定，其中提到了三年之丧、期年、九月、七月等服丧期，但没有言及三月或更短之丧期，这与汉文帝遗诏短丧的规定似乎不太吻合，与传统的丧服记载亦有区别。因此，这或许是轪侯家族自己所奉行的丧服制度的一种图文式记载[18]。

帛书《丧服图》的照片最早公布于傅举有和陈松长所编的《马王堆汉墓文物》一书中。

二、诸子类帛书

1. 帛书《老子》甲、乙本（图一七）

马王堆帛书中有两种写本的《老子》，为了便于称引，整理小组把字体较古的一种写本称为甲本，另一种称为乙本。甲本卷后和乙本卷前各有数篇古佚书。甲本用半幅帛抄成，卷在一长条形的木片上。帛书高约 24 厘米，朱丝栏墨书。《老子》甲本全文不分章节，篇末不记字数，共计一百六十九行，字体是古隶。文中不避汉高祖刘邦讳，抄写年代约在公元前 200 年前后。乙本则用整幅帛抄成，共七十八行，亦不分章节，但在"德经"末尾记有"德三千卌（四十）一"，在"道经"末尾记有"道二千四百廿六"，合计是五千四百六十七字。乙本字体为汉隶，文中两个"邦"字改成了"国"字，可见是避刘邦讳的，但文中不避汉惠帝刘盈、文帝刘恒的讳，字体与同墓所出有文帝三年纪年的《五星占》很相似，由此可以推断其抄写年代比甲本要晚一些，很可能是在文帝时期，即公元前 179 年至 169 年间。

帛书《老子》曾先后出版了五种不同版本的释文，它们是：

（1）马王堆汉墓帛书整理小组《马王堆汉墓出土〈老子〉释文》，《文物》1974 年第 11 期。

（2）马王堆汉墓帛书整理小组《马王堆汉墓帛书·壹》，线装本，一函二册，文物出版社 1974 年版，收有帛书《老子》的照片、释文和注释。

（3）马王堆汉墓帛书整理小组《马王堆汉墓帛书·壹》，线装本，一函八册，文物出版社 1974 年版，收有帛书《老子》

一七　帛书《老子》乙本局部（引自《马王堆汉墓文物》）

的照片、释文和注释。

（4）马王堆汉墓帛书整理小组《老子》，单行本，文物出版社 1976 年版。

（5）马王堆汉墓帛书整理小组《马王堆汉墓帛书·壹》，精装本，文物出版社 1980 年版，收有帛书《老子》的照片、释文和注释，是最后的定本。

帛书《老子》甲、乙本各有特点，诸如经文句型、文字等均有区别，如甲本"此之谓玄德"，乙本则作"是谓玄德"；甲本"故曰为道者非以明民也"，乙本作"古之为道者非以明民也"；甲本"为者败之，执者失之"，乙本作"为之者败之，执之者失之"。诸如此类差别不下二百余处，贯穿全书始末，足以说明帛书《老子》甲、乙本来源不同，代表汉初两种不同的古本。

如果把帛书《老子》甲乙本与传世的河上公注本、王弼注本和傅奕校定本相比较，它们与传世本《老子》也有较大的差别。

第一，传世诸本《老子》都是《道经》在前，《德经》在后，而帛书本则正好相反，是《德经》在前，《道经》在后。

第二，传世诸本《老子》分为八十一章，而帛书本则不分章节（甲本部分加一些圆点，有些似乎是分章符号，但无法确定）。但从其行文来看，今本各章的次序有些应当加以调整。如今本第四十章："反者道之动，弱者道之用。天下万物生于有，有生于无。"第四十一章："上士闻道而勤行之。中士闻道若存若亡。下士闻道而大笑之。不笑不足以为道。故建言有之：明道若昧，进道若退，夷道若类。上德若谷，大白若辱，广德若不足，建德若偷，质真若渝，大方无隅，大器晚成，大音希声，大象无形，道隐无名，夫唯道善贷且善成。"第四十二章："道生一，一生二，二生三，三生万物。万物负阴而抱阳，冲气以为和。"这三章顺序看上去似乎没有问题，但用帛书本一校，就发现它的错误了。帛书本是不分章的，甲本同于今本第四十一章的那些文字因残泐太甚，仅存二字；乙本比较完整，但列在第四十章那段文字之前。可以肯定，乙本的这一顺序比今本更为合理。因为第四十章是讲宇宙本体的"道"，第四十二章亦同，两段文字紧密相连，当是《老子》书的原样，今本把第四十一章那段文字插入这两段中间，则文义隔断，可见是错误的。

第三，传世诸本《老子》与帛书本文字多有不同，可以帮助人们校勘并订正传世诸本的文字讹误。如今本第七十五章："民之饥，以其上食税之多，是以饥"一句，帛书甲本作："人之饥也，以其取食㕙之多也（乙本无"也"字），是以饥。"两相比较，可知帛书本是正确的。唐时避太宗李世民讳，"民"字多改为"人"字，唐以后重刻该书，又将讳字改回，此"人"字即误为唐时避讳而改，故改"人"字为"民"；帛书甲、乙本"以其取食㕙之多"，今本多作"以其上食税之多"，彼此各异。从甲、乙本经文分析，"以"字为介词，在此表示事之所因，"其"字为代词，作句中主语，"取"字为动词，"食㕙"指获得食物的途径，经文指正因为人们获得食物的途径很多，所以容易发生饥荒，这种思想与《老子》全书"正言若反"完全一致。今本则误"取"字为"上"，以"食"为动词，释为由于统治者吞食的租税太多，因而陷于饥荒，词义牵强，亦非《老子》之旧，均当据帛书本改正[19]。

不过，帛书《老子》甲、乙两本在当时只不过是一般的学习读本，皆非善本，书中不仅有衍文、脱字、误字、误句，而且使用假借字亦不够慎重，因而在许多方面并不如今本。

2. 帛书《五行》（或称《德行》）

帛书《五行》紧接着《老子》甲本抄写，全篇共一百八十多行，约五千四百字，全篇原无篇名，帛书整理小组根据其内容而名之为《五行》。后来魏启鹏根据周秦古书名篇的通例，并考其全文主旨，径取首句的"德行"二字名篇。但是湖北省荆门郭店也出土了该书的竹简本，时代为战国中期偏晚，简本首简完整，全文以"五行"两字开头，故仍应以"五行"名篇为是。

帛书《五行》篇的照片和释文均见于文物出版社 1974 年9 月、1974 年 10 月、1980 年三次出版的《马王堆汉墓帛书·壹》中。

帛书《五行》篇由两部分组成，自第 1 行至 44 行为第一部分，主要提出了若干儒学命题和基本原理。自 45 行至篇末为第二部分，其内容是分别对第一部分所提出的命题和原理进行论述和解说。按照古文的惯例，第一部分是"经"，第二部分则是"说"，或者说是"传"。

帛书《五行》篇本身没有标题，其内容主要是围绕"聪"、"圣"、"义"、"明"、"智"、"仁"、"礼"、"乐"等道德规范进行论述并解释。据研究所知，这是失传已久的关于"思孟五行"理论的重要古文献。它的发现，证实了当时思孟学派的存在，使人们对思孟学派的一些基本观点有了清楚的认识。

在第一部分所提出的诸多儒学命题和道德规范中，最引人注目的是其中的"五行"说，它为解开二千多年来学术界不得其解的"思孟五行"之谜找到了一把钥匙。篇中提出了"仁"、

"义"、"礼""智"、"圣"的"五行"说，其中不少地方袭用
《孟子》的话，应是思孟学派的著作。我们知道，《荀子·非十
二子》说子思、孟轲"案往旧造说，谓之五行"，过去一直未
得确解，帛书《五行》篇的发现，有助于我们弄清思孟学派
"五行"说的真相，进一步深入研究先秦的儒家思想。

3. 帛书《九主》

帛书《九主》篇是紧接在《老子》甲本、帛书《五行》之
后所抄写的第二种古佚书，全篇共五十二行，约一千五百余
字。该书原无篇名，帛书整理小组根据其内容将之命名为《九
主》。也有学者称其为《伊尹·九主》。

帛书《九主》篇的照片和释文均见于文物出版社 1974 年
9 月、1974 年 10 月和 1980 年三次出版的《马王堆汉墓帛书·
壹》中。

《九主》篇的主要内容是记载伊尹论九主的言论。《汉书·
艺文志》道家有《伊尹》三十一篇，小说家有《伊尹说》二十
七篇，但这些书很早就亡佚了。南朝刘宋时裴骃作《史记集
解》，只引《别录》，不能以原文纠正误字。到唐代，司马贞作
《史记索隐》，对"九主"也只是望文生义，说"九主者，三皇
五帝及禹也；或曰：九主谓九皇也"，甚至将"法君"理解为
"用法严急之君"。可见，唐人已对"九主"的本义茫然无知。
帛书的出土，使我们重新认识到，所谓"九主"，原来是"法
君、专授之君、劳君、半君、寄主、破邦之主二、灭社之主
二"。这样，也就足以使我们重新订正《史记集解》所引《别
录》的错误。例如《别录》将"专授之君"就误拆成了"专
君"和"授君"，其实"专授"的原义在《管子·明法解》中有
明确的解释："授"就是付予，所谓"专以其威势予人"、"专

以其法制予人"就是"专授"。所谓"专授之君",就如《史记·范睢列传》中所说:"且夫三代所以亡国者,君专授政,纵酒驰骋弋猎,不听政事,其所授者妒贤嫉能,御下蔽上,以成其私,不为主计,而主不觉悟,故失其国。"简言之,也就是专授政事于人而失国之君,根本就不能断裂成"专君"和"授君",而"专君"、"授君"也实在不好理解,现在帛书的出土,终于解开了这个死结。

4. 帛书《明君》

帛书《明君》是紧接在帛书《老子》甲本、《五行》、《九主》之后所抄写的第三篇古佚书,全文四十八行,约一千五百余字。本篇原无篇题,帛书整理小组根据其内容,将之命名为《明君》。

帛书《明君》篇的照片和释文均见于文物出版社 1974 年 9 月、1974 年 10 月、1980 年三次出版的《马王堆汉墓帛书·壹》中。

本篇帛书似乎是一篇给国君的奏书,作者以"先王"的情况为例,阐述贤明君主的几大要务,用帛书的原话就是:

> 以夫明君之所广者仁也,所大者义也,〔所〕处者诚也,所用者良也,所积者兵也,所寺(待)者时也,所势者暴也。

为什么明君要着力于此呢? 帛书解释说"广仁则天下亲之,大义则天下与之,处诚则天下信之,用良则天下□「之」,〔积〕兵则必胜,寺(待)时则功大,势暴则害除而天下利。"可见它是融合了儒、法等家思想的治国之论。其写作年代可能为战国后期。

5. 帛书《德圣》(或称《四行》)

帛书《德圣》篇是抄在帛书《老子》甲本、《五行》、《九主》、《明君》之后的另一篇古佚书。本篇后面部分文字残缺较为严重，不能属读，也不知原篇是否有自己的篇名。全文现存十三行，约四百余字。《德圣》一名是帛书整理小组所加。

帛书《德圣》篇的照片和释文均见于文物出版社 1974 年 9 月、1974 年 10 月、1980 年三次出版的《马王堆汉墓帛书·壹》中。

帛书整理小组认为，这篇帛书也讲到"五行"，与抄在前面的第一篇古佚书《五行》有关，但又有一些道家的语汇。魏启鹏曾依据先秦古籍篇章署名的通例，求证于本篇的内容，改称其为《四行》篇。

6. 帛书《经法》、《经》、《称》、《道原》（或合称为《〈老子〉乙本卷前古佚书》、《黄帝四经》、《黄帝书》（图一八）、《黄老帛书》）

帛书《经法》和《经》、《称》、《道原》一起抄录在帛书《老子》乙种本之前，全文用较规范的汉隶抄写，行与行之间有乌丝栏界格，抄写时间可能在文帝初年。帛书幅宽 48 厘米，出土时因折叠而断裂成多块 24 厘米宽的帛片，帛书除断裂处外，保存得比较完整。这四篇古佚书曾先后出版过五种释文和注释版本，它们是：

（1）马王堆汉墓帛书整理小组《马王堆汉墓帛书·壹》，线装本，一函二册，有图版、释文和注释，文物出版社 1974 年 9 月版。

（2）马王堆汉墓帛书整理小组《长沙马王堆汉墓出土〈老子〉乙本卷前古佚书释文》，《文物》1974 年第 10 期。

（3）马王堆汉墓帛书整理小组《马王堆汉墓帛书·壹》，线

图一八　帛书《黄帝书》局部（引自《马王堆汉墓文物》）

装本，一函八册，有图版、释文和注释，文物出版社 1974 年
10 月版。

（4）马王堆汉墓帛书整理小组《经法》，单行本，有释文
和注释，文物出版社 1976 年版。

（5）马王堆汉墓帛书整理小组《马王堆汉墓帛书·壹》，精
装本，有图版、释文和注释，文物出版社 1980 年 10 月版。

另外，唐兰在发表于 1975 年第 1 期《考古学报》上的
《马王堆出土〈老子〉乙本卷前古佚书的研究》一文中也附录
了这四篇佚书的释文。

帛书《经法》是这四篇佚书的第一篇，共七十七行，五千
余字。它一共由九个小章节组成，即：道法、国次、君正、大
分（或作"六分"）、四度、论、亡论、论约、名理等，末尾有
《经法》的总篇题。按其内容，这是一篇讲法治、讲农战、讲君
主治国之道的文章，其中《道法》又是《经法》篇的总论。以
"道生法"开篇，主要阐述道与法的关系，强调以法治国的重要
性，而最后的《名理》则是对《经法》篇的总结，主要概述
"道"的本质和循道生法、依法治国、国无危亡的原理。

帛书《经》是这四篇古佚书的第二篇，共六十五行，分十
五个章节，每个章节都有题名，它们分别是：立命、观、五
正、果童、正乱、姓争、雌雄节、兵容、成法、三禁、本伐、
前道、行守、顺道、十大。据其篇末题字，全文约四千六百余
字，其书写款式和抄写字体与《经法》篇完全相同，显系同一
抄手、同一时期所抄成。

对于帛书《经》篇名的确定曾经过了很长时间的探索。该
篇最初被定名为"十大经"，后经帛书整理小组仔细对比了帛
书"六"、"大"二字的字形，认为应是"六"字，所以在 1980

年出版的《马王堆汉墓帛书·壹》中，将其定名为"十六经"。但由于帛书本身只有十五章，而且最后一章（帛书整理小组认为只是半章）没有章名，故帛书整理小组认为原文可能编排有所错乱，或者曾有亡佚。也有学者主张应把篇名改称为"十四经"[20]。参与帛书整理工作的裘锡圭后来又指出"细按字形，恐仍当释为'十大经'"。李学勤在《马王堆帛书〈经法·大分〉及其他》一文中[21]也认为此处应是"大"字，但对篇名问题提出了崭新的见解。李学勤认为，应该将"十大"和"经"分开来读，"十大"是本篇最后一个小章节的章名，因为第十五章正可划为十句互有联系、又各成格言的话，而且能以韵脚来判断，所谓"十大"，就是指这十句重要的话，"大"字应按《荀子·性恶》注所释："大，重也"。"经"则是这一篇的总名。李学勤的这一解释既解决了这篇帛书篇末一章独缺标题的困惑，又解决了该篇帛书章数方面的疑问，可谓独具慧眼。因此，本篇帛书的篇名应按李学勤所言为《经》。

帛书《经》各章大多通过叙述黄帝君臣的故事来叙述治国之道和用兵策略，例如《果童》一章就提出了贵、贱、贫、富、均等民本思想，《前道》一章则强调"上知天时，下知地利，中知人事"才能长利国家、世利百姓。《本伐》章对战争的性质进行了分析，认为"世兵道三：有为利者；有为义者；有为行忿者"。《兵容》一章认为用兵要法天、法地、法人才能作出正确的决断，取得胜利，不然，必将"当断不断，反受其乱"。总的说来，帛书《经》是一篇用黄老刑名思想以阐述治国用兵之道的古佚书，其思路与《经法》篇的治国用道理论完全相同。

帛书《称》是这四篇古佚书的第三篇，共二十五行，约一千六百字。全篇帛书不分章节，主要是汇集一些类似格言的话，所反映的思想大体与《经法》、《经》一致。

帛书《道原》是这四篇古佚书的第四篇，其篇幅最短，只有七行，共四百六十四字。本篇帛书虽短，但其内容却很重要，它主要是推究阐释"道"的本原、性质和作用，其内涵和思想，与《老子》、《文子》、《淮南子》的"道"论有密切关系。帛书《道原》还有一个很有特色的地方就是通篇基本上押韵，这和以韵语成篇的《老子》亦非常相似。

三、数术类帛书

1. 帛书《五星占》（图一九）

帛书《五星占》抄写在一块幅宽 48 厘米的整幅帛上，通篇用很规范的汉隶抄写。全文共一百四十六行，约八千字。本篇帛书原无篇题，帛书整理小组根据其内容将之命名为《五星占》。由于帛书中的天象记录一直到汉文帝三年（前 177 年）为止，可以断定帛书的写成年代是在汉文帝初年，帛书整理小组认为可能是在公元前 170 年左右。

帛书《五星占》已经发表了两种释文，即：

（1）马王堆汉墓帛书整理小组《〈五星占〉附表释文》，《文物》1974 年第 11 期，本篇释文仅包括《五星占》后部所附表格的释文。

（2）马王堆汉墓帛书整理小组《马王堆汉墓帛书〈五星占〉释文》，《中国天文学史文集》第 1～13 页，科学出版社1978 年版。

帛书整理小组曾据帛书《五星占》的内容，将之分为九章，即：木星、金星、火星、土星、水星、五星总论、木星行度、土星行度、金星行度。这九章内容可大体分为两大部分，

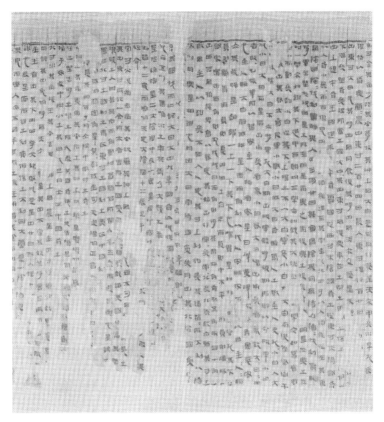

图一九　帛书《五星占》局部（引自《中国考古文物之美》）

第一部分是前六章，其内容是对木星（岁星）、金星（太白）、火星（荧惑）、土星（填星）、水星（辰星）的运行规律和星占规定的描述和记录，属于天文星占类的古佚书。第二部分即后三章，主要是用图表的形式记录了从秦始皇元年（前 246 年）到汉文帝三年（前 177 年）共七十年间木星、土星、金星的运行位置，并描述了这三颗行星在一个会合周期内的动态。

帛书《五星占》的出土，对于我国天文学史的研究具有重大价值。根据记载，我国讲天文的专门书籍，最早的当推战国时代甘德所写的《天文星占》八卷和石申所写的《天文》八卷，这两部书的成书年代约在公元前 370 年到前 270 年之间。可惜它们都早已失传，仅有一些佚文存世。帛书《五星占》的出土，使我们得以直接看到了秦汉时代星占书籍的原貌，尤其是后三章对木星、土星、金星的位置及在一个会合周期内动态的叙述，表明当时人们已经利用速度乘时间等于距离这个公式，把行星动态的研究和位置的推算工作有机地联系起来，这就比战国时代甘德、石申等人零星的探讨前进了一步，而成为后代历法中"步五星"工作的先声。学者们发现，帛书《五星占》所载的金星会合周期为 584.4 日，比我们今天所测值 583.92 日仅大 0.48 日；土星的会合周期为 377 日，比我们今天所测值只小 1.09 日；恒星周期为 30 年，比我们今天所测值 29.46 年只大 0.54 年。这些数据都远较后来的《淮南子·天文》及《史记·天官书》更为精确，可见当时中国的天文观测技术已经达到了相当高的水平。

2. 帛书《天文气象杂占》

帛书《天文气象杂占》抄在一幅长 150 厘米、宽 48 厘米的帛上，字体是隶书，但篆书意味相当浓厚。出土时已经碎成大大小小的几十片残帛，并有一小部分已经腐烂，但还可以基本恢复原来的面貌。这篇帛书原无篇题，帛书整理小组根据其内容将之命名为《天文气象杂占》。

帛书《天文气象杂占》的照片和释文发表在《中国文物》第 1 期上，文物出版社 1979 年出版。

帛书《天文气象杂占》图文并茂，除下半幅末尾的一段之外，从上到下可分为六列，每列又从右到左分成若干行。每条占书上面是墨或朱，也有用朱、墨两色画成的图，下面是名称、解释及占文；也有些只有名称，或只有解释；还有一大部分只有占文，而没有其他。每列多的有五十几条，少的残存二十余条，全幅包括完整或残缺的共约三百条。下半幅末尾一段是墨写的占书，有文而没有图，从上而下分为三列，每列多的二十六条，少的残存十三条，合计尚存五十七条。该篇帛书的内容，如果从占文所根据的对象来划分，大体上可分为云、气、星、彗星等内容。下半幅末尾有文无图的一段，其内容基本上和前面的文字相似，可能是同一性质的另一本占书。

帛书《天文气象杂占》的占文，除了"贤人动"、"邦有女丧"、"有使至"等一小部分之外，其余大多是"客胜"、"主败"、"攻城胜"、"城拔"、"不可以战"、"益地"、"失地"、"军乃大出"、"战得方者胜"等有关军事的占语。因此，该书应与兵阴阳之说密切相关，并可与《淮南子·天文》、《史记·天官书》、《乙巳占》、《开元占经》、《通典·识云气候杂占》等书所记载的兵家所用天文气象占验的内容互相参证。

从天文学史的角度看，帛书《天文气象杂占》中最值得注意的是有关彗星的部分。中国是世界上最早观测和记录彗星的国家，《左传》中就有三次相当具体的记载。到了战国时期，人们对于彗星的观测已经有比较丰富的经验。帛书《天文气象杂占》画有各式各样的彗星，除最后一条翟星外，其余都分彗头彗尾两部分。彗头画成一个圆圈或圆形的点，有的圆圈中心又有一个小的圆圈或小圆点，这表明，当时人们很可能已经见到在一团彗发的中心有一个很小的彗核。所画的彗尾则有宽有狭，有长有短，多种多样，可见当时人们对于彗尾的观测也已经相当仔细。这些材料足以说明，在二千多年前，我国观测彗星已经有了出乎意料的成就。帛书所绘的彗星图，是世界上最早的彗星形态记录，具有重大的科学价值。

3. 《式法》甲、乙篇（或称《篆书阴阳五行》）、《隶书阴阳五行》、《阴阳五行》）（图二〇）

帛书《式法》共有两篇写本，甲篇写本抄写年代较早，系用篆意很浓的篆隶抄写而成，乙篇稍晚，系用规范的八分隶抄写。这两篇帛书都无标题，也不分章节，帛书整理小组曾根据其内容暂称之为《阴阳五行》，甲篇被称为《篆书阴阳五行》，乙篇被称为《隶书阴阳五行》。

帛书《式法》甲、乙篇至今还没有全部正式公布，1992年出版的《马王堆汉墓文物》一书各收了一张甲、乙篇的照片；2000年第7期《文物》则刊登了帛书整理小组发表的《马王堆帛书〈式法〉释文摘要》，公布了其中七部分的释文。

根据有关学者的介绍，帛书《式法》甲、乙篇的内容是有关干支的记载和图表，还有根据阴阳五行理论所作的占语。其中甲篇残损得比较厉害，已被揭分成了几十块残片，缀合相当困难。据李学勤介绍，这篇帛书的书写方式很有特色："这卷帛书许多字保留着楚国'古文'的写法，它大概是一个不习惯秦人字体的楚人抄写的。例如其中的一节，有几处'左'字，先是写作'岩'，是古文'左'字，后面又写作'左'，是秦的'左'字。同节的'战'字，先写作'戩'，是古文，下面又改作'战'，是秦字。这件帛书对于我们研究战国到汉初文字的变化，是难得的宝贵材料。"[22]据介绍，本篇帛书内容都是关于干支、二十八宿、天一运行的记录和有关月令、方位等堪舆方面的占验语辞。例如："天一之徙以十一月、十二月戊辰"，

图二〇　帛书《式法》局部（引自《马王堆汉墓文物》）

就是记叙"天一"运行的时辰规律的。又如："西南斗，西北辟道，东北小吉"等是占测方位吉凶的。再如："壬斗、癸须女、壬癸、癸危荧室"、"甲角、乙至（室）、甲乙斗、乙心尾"等是有关干支时辰和二十八宿对应关系的示意表格。特别值得注意的是在一块残帛上，有一段关于楚国官名的记载："乙当莫嚣，丙当连缀，丁当司马，戊当左右司马，己当官□"。其中"莫嚣、连势"是楚国所特有的官名，这就有力地说明，这个抄本肯定是楚人的著作之一[23]。

帛书《式法》乙篇"长约1.23米，上有文、图表。大致分为十个单元"（见周世荣《略谈马王堆出土的帛书竹简》，《长沙马王堆医书研究专刊》)。相对而言，这个本子比甲本要完整得多，有些图表相当完好，成段的文字也比较好读，例如：

子东吉，南凶，西闻言，北有得。

丑东吉，南有得，西毋行，北吉。

寅东西吉，南有喜，北有得。

卯东西吉，南有得，北见鬼。

辰东南有得，西毋行，北凶。

巳东见病，南北吉，西毋行。

午东毋行，南北凶，西闻言。

〔未〕东有得，西南吉，北凶。

申东有得，南凶，北有得，西吉。

酉东有小喜，南闻言，西吉，北凶。

戌东有得，南凶，西见兵，北吉。

亥西东北南皆吉。

这一段文字前有"十二日宫军"五字，这或许是此段文字的标目。从该段文字所记十二日辰的所占内容来看，它显然是择吉日良辰的既定占语。

乙篇类似这样完整的段落还比较多，如，"丙寅、丁酉、壬申、癸卯是胃（谓）名，而不□其乡（向），毋逆以行，行水，不有大丧，必亡"。这段话的上面，用墨线横断的上部单独题有一个"名"字。显而易见，这是该行文字的一个标题，所谓"名"，原本是"丙寅、丁酉、壬申、癸卯"这四个干支相配的日子。凡"名"日，不可逆行，否则，不有大丧，就有家亡之灾。此外，帛书还记有刑德运行的规律，记有择顺逆灾祥的占语，记有"文日"、"武丑"、"阴铁"、"不足"等阴阳五行的特有名称和解释，特别是那好几幅图表式的文字，尤其醒目，确是研究阴阳五行学说在汉初本来面目的极好资料。但由于历史的原因，这篇帛书的拼缀整理不知什么时候才能全部完成，这里仅是片断介绍而已[24]。

4. 帛书《木人占》（或称《杂占图》）

帛书《木人占》抄于幅宽 48 厘米的整幅帛上。据周世荣介绍说，该篇帛书"绘方形、梯形、三角形，及婢女举木人作占验的图形"（见周世荣《略谈马王堆出土的帛书竹简》，《长沙马王堆医书研究专刊》）。不过陈松长说他曾对帛书原物进行过认真验对，并未在这篇绘有"方形、梯形、三角形"的帛书上找到"婢女举木人作占验的图形"，却有"举木人作占验"的文字[25]。这卷帛书相对比较完整，除文字因经浸泡而字迹较虚外，整块帛书由九十九个不规则图形及五十九行（因有些残缺，也许有误差）文字组成。因此，许多学者径称其为《木人占》。本篇帛书的字体与《老子》甲本、《刑德》甲篇较为相近，是一种篆意较浓的古隶，其抄写年代亦当与《老子》甲本、《刑德》甲篇相近，即应抄成于汉高祖十一年（前196年）前后。

帛书《木人占》的材料迄今尚未正式发表。

陈松长在《帛书史话》一书中对帛书《木人占》进行了较详细的介绍。这篇帛书的内容分上下两块排列，上面一块开篇就绘有九行九十九个不规则图形。图形以方形为主，间有变形的匡形、梯形、三角形、井字形和十字形等。每个图形内都有少则一字，多则八字的文字注释，大多是"吉"、"大吉"、"大凶"、"小凶"、"不吉"等有关吉凶的一般占测语，但也有一些比较特别的占语。如："食女子力"、"食长子力"、"以善为恶"、"有罪后至"、"空徒"。这些图形和文字的关系到底如何？其所占测的对象究竟是什么？现在还没有真正破译，仍有待学林时贤的研究。

在这些图形的左侧和下面，分别写有五十九行占语，因为字迹较虚，颇难认准字形，仅就其依稀可辨的文字来句读，可知其占语大都是占测方位吉凶的，例如开篇就有一行：

凡占南，西南乡（向）立，西南太阳，东南小阳，西北大阴，东北小阴。

此外，在图形下方列有二十多行关于方位占测的诠释语。例如：

东南首伏，名曰大优，□□，不吉。

西南首偃，名曰造禄，利会宗族，大吉。

西北首偃，名曰闻言之墨，墨行且息，不吉。

东北首伏，名曰无祠无礼。

特别值得注意的是，这件帛书中还有好几行相人的记录。如：

人颐伤人，而拊执于南禺。

人项败，将军□，乃以兵斗。

除这几行较完整的文字外，残破处还多有"贵人恐，贱人绸"及"人鼻"、"人口"、"人北（背）"等有关人体部位的相面用语，由是可知帛书《木人占》亦有部分相人术的内容，而这恐怕也是我国现存相人术最早的文献抄本之一。可惜的是，这件帛书的字迹不大清晰，他日或能借助于先进的红外线摄影全部显现其字形，或许会给学术界以更多的惊喜。

5. 帛书《相马经》（或作《相马经·大光破章故训传》）

帛书《相马经》抄写在幅宽 48 厘米的整幅帛上，全文共七十七行，约五千二百字，除略有残损外，大部分字迹清晰。字体为隶书，抄写相当工整。帛书整理小组根据其内容将之命名为《相马经》，也有学者认为这篇帛书更准确的名称应是《相马经·大光破章故训传》。

帛书《相马经》的释文及部分照片已发表在《文物》1977年第 8 期上。

帛书《相马经》是一篇谈相马的辞赋体古佚书。全篇可分为三部分。第一部分（从第 1 行至 22 行）是"经"，即《相马经》的《大光破章》这一部分。第二部分（从第 23 行至 44 行的"处之，多气"）是"传"，它是对"经"的大意和精要进行综合归纳、寻绎发挥的文字。第三部分（从第 44 行至 77 行）则是"故训"，也就是对经文的训解。

帛书的第一部分，主要是讲相马眼的学问，因此开篇就称："大光破章"。"大光"可能即指眼而言，而"破"可能是解析之义，所谓"大光破章"，意为相眼之章，它应是这一篇经文的章名。帛书的第三部分主要是对第一部分的训解。例如

帛书第一部分开头言:

> 有月出其上,半矣而未明。上有君台,下有逢芳;旁
> 又(有)积缳,急具帷刚。

第三部分的文字则对此明确加以解释:

> 有月出其上,半矣而未明者,欲目上圜(环)如半
> 〔月。上〕有君缳者,欲目上如四荣之盖。下又(有)逢
> 芳者,欲阴上〔者良目〕久。旁又(有)积缳者,欲
> □□□□□□□□□。〔急〕其维冈者,欲睫本之急,急
> 坚久。

通过这一段训释,我们才知道,原来经文中所说都是对良马眼睛的一种颇具文学色彩的形容和要求。

帛书的第二部分是对第一部分加以阐发和归纳讲解。不过,这一部分内容并未依照经文的次序逐一来阐述,而只是就其中的几点加以发挥而已,这种发挥,有的是对经文的总结,有的则是对经文的阐发[26]。

6.《"太一将行"图》(或称《社神图》、《神祇图》、《避兵图》、《太一避兵图》)[27]

帛书《"太一将行"图》现存原物幅长 43.5 厘米,宽 45 厘米。本是一件具有神秘色彩和艺术价值的帛画,但因这幅帛画有多达百余字的题记文字,故亦可以视为一种帛书。

帛书《"太一将行"图》已经正式发表于 1992 年出版的《马王堆汉墓文物》一书中。该图彩绘,虽有残破和互相因折叠浸染的印痕,但图像和题记文字基本清楚。图像正中上部彩绘一位主神,他头戴鹿角,双眼圆睁,巨口大开,舌头前吐,双手下垂,上身着红装,下着齐膝青色短裤,赤足,两腿分开,双膝外曲,作骑马欲行之势。他的右侧腋下单独墨书一个

"社"字，头部左侧则有题记：

太一将行，何（荷）日，神从之，以……

"以"字以下残泐，不知究竟缺几字。由题记文字可知，这位主神就是楚汉人心目中极有权威的太一神。

"太一"神的左右两上侧残破较为严重，但仍存有两个依稀可辨的图像和一些题记文字，其中右上侧是以墨线勾勒的云气和一个半边的侧面人像，该像的左边墨书题记文字为：

雨师光风雨雷，从者死，当〔者有咎〕，左弇其，右
□□。

"太一"神的左上侧以朱色为主，绘有一些云气和一个正侧面头像。头像双目浑圆，怒视前方，其右侧亦有题记，现仅存一"雷"字。由题记可知，这两个图像乃是雨师和雷公，这和《楚辞·远游》中"左雨师使径侍兮，右雷公以为卫"的描写可以对应。

在"太一"神的两臂之下，左右两侧共排有四个神人，按照"东行为顺"的次序，右起第一人头戴青色三山冠，身着青色短袖衣，红色短裙，右手下垂，左手高举，似举一利器，但因帛画已残，不知为何物。神人双目圆鼓，巨口大开，长舌前吐，髭须斜飘，脸色赤红，一幅神武而狰狞的面孔。右边有一行题记：

武弟子，百刃毋敢起，独行莫「理」。

右起第二位亦头戴三山冠，修眉大眼，张口伸舌，左手举一剑状物，右手下垂，身着红色短衣，下穿红墨相间的条纹短裙，赤足。其右侧亦有一行题记：

我□百兵，毋童（动），□禁。

右起第三位，即"太一"神左侧的第一位头作侧面，头上

有角状形冠，左手上扬，手掌作兽爪状，右手下垂，圆眼鸟喙，身着红装，上加半截墨色短袖衣，左臂下侧墨书题记一行：

　　　我虎裘，弓矢毋敢来。

最后一位头顶中间下凹，两端异骨突起，上顶双重鹿角，黄脸上怪眼斜睨，双口圆张，两须分扬如剑戟，脖子细长，肩部耸一怪骨，双手侧握一殳。惜题记文字已残。

这四个神像也许正是楚帛书所言"祝融以四神降"的四神，它们是掌管四方、护卫"太一出行"的神灵。

在"太一"神的胯下，绘有一条头顶圆圈的黄身青龙，青龙的下边，左右还各绘一龙。右边之龙为朱首黄身，龙头上扬，龙身曲动，前持一红色瓶状物，龙头下题有"黄龙持炉"四字。左边之龙则黄首青身，与黄龙呈对峙状，前亦捧一青色瓶状物，龙首下题有"青龙奉容"四字。

帛画右侧还有一段总题记，文义是太一出行时的祝语。文字不长，仅存四十四个字，但其中反复出现了"先行"、"径行毋顾"、"某今日且〔行〕"等语词，可见这幅帛画的主旨是"太一"出行，其性质是辟风雨、水旱、兵革、饥馑、疾疫。当时之所以要用这样一幅帛画随葬，恐怕最主要的目的就是祈求"太一"尊神能在墓主人死后，保佑其魂灵在冥冥世界中免风雨、水旱之苦，辟兵革、饥馑、疾疫之磨难。

四、兵书类帛书

帛书《刑德》甲、乙、丙篇

帛书《刑德》共有甲、乙、丙三种抄本，甲、乙两篇保存得比较完整，丙篇则残破太甚，已很难拼合和句读。甲篇的抄写字体是比较放逸的古隶，行与行之间没有乌丝栏界格，篇中有"乙巳，今皇帝十一年"的话语，系指汉高祖十一年（前

196 年），可见《刑德》甲篇是汉高祖在位时抄写的。乙篇长84 厘米，宽44 厘米，字体是比较规范的汉隶，行与行之间有很规整的乌丝栏，看上去比甲篇要精工得多，篇中有"丁未，孝惠元"等语，可见乙本的抄写时间在孝惠元年（前194 年）以后。丙篇现存原物共揭裱为十八块残片，从残存的片断文字看，其内容与甲、乙两篇大致相同，只是该篇全部用朱文书写，间有很粗重的墨线边框，这种较为奇特的形式是否别有含义，尚待研究。

帛书《刑德》甲、乙、丙三篇，目前只有乙篇的照片和释文正式发表在《马王堆汉墓文物》一书中，甲篇的部分图表可见陈松长的《马王堆帛书〈刑德〉甲、乙本的比较研究》（《文物》2000 年第 3 期）一文，丙篇则从未发表。

帛书《刑德》甲、乙、丙篇是现存秦汉时期兵阴阳的著作之一。甲篇和乙篇的内容基本相同，均由"刑德九宫图"、"刑德运行干支表"和关于刑德运行规律及星占、气占等兵阴阳的文献三部分组成。所不同的是，甲篇的"刑德九宫图"绘在帛书的左上角，排在干支表的后边；而乙篇的"刑德九宫图"则绘在开篇的右上部，列在干支表的前边。

从已经公布的《刑德》乙篇来看，"刑德九宫图"是一幅用红、黄、黑、白等颜色线条和文字组成的图形，正中是一个黄色圆环，环中又用墨色绘一个两分的小圆，小圆与大环之间用射线切分为等分的十格，每一格中分别注有"德，戊午。刑，戊子。辛卯，大音。壬辰，雷公。癸巳，雨师。己未，丰隆。庚申，风伯。壬戌，雷公。辛酉，大音。癸亥，雨师。庚寅，风伯。己丑，丰隆"。围绕黄色圆环，按上南下北的方位，分别用不同颜色的线条连接绘制了分属金、木、水、火四行的西北东南四宫及其侧宫。这八宫既有五行方位的明确标示，还有不同颜色线条的明显区别。其中火所居的南宫和其侧宫西南宫就用朱色线条，以示南方主火；而金所居的西宫和其侧宫西北宫则用双钩线描出，呈现白色，显示五行中以金为白的特点。

八宫中，正宫与侧宫又有明显区别。正宫均作正方形，里面又切分为十一个大小不等的栏格，其中十个栏格分别注明了干支和刑德诸神之名，另一大格内则绘有一按十二度空间结构运行的式图，这种式图和紧邻的"刑德运行干支表"中的式图完全一样。据《淮南子·天文训》所知，式图中的十字形表示"四仲"，即十二辰中的"子、午、卯、酉"；L形则表示"四钩"，即十二辰中的丑寅、辰巳、未申、戌亥。刑德的运行也是按照这种式图"岁主一辰"地运转的。

与正宫不同，其侧宫均作丁字形，每宫又切成十个方格，分别填有刑德、丰隆、雷公、雨师等神名和干支。和正宫相比，没有"夏至"、"冬至"这两个时标，也没有式图，而且每一个宫内都有空格，其中东南、东北两宫各空三格，西南、西北两宫则各空两格。这种空格有何种意义，尚待进一步研究。

紧挨着"刑德九宫图"绘制的是用朱墨两色画成的刑德运行干支表。该表分为六列，每列由十个朱色式图组成，每个式图的右下方整齐地墨书了从甲子至癸亥六十干支，每一干支所居的式图辰位标志线上，按左旋的方向，从子午线的子这个辰位开始，分别用墨点标明了刑德"岁居一辰"的运行规律。

《刑德》乙篇的第三部分是两篇首尾均较完整的兵阴阳古佚书。第一篇共六十一行，每行二十五字左右，约计一千五百余字。篇中分别用朱点标示章节，按其朱点，应是十四个章节，其主要内容是关于刑德运行规律的解说和对"刑德九宫图"的诠释。第二篇共三十六行，每行七十二字左右，共约二千余字，其内容主要是关于以云气、风、雨、雷等天文气象占测战争胜负吉凶的描述。全文共分为十一节，每节基本上讲一种占法，如第一节是讲月晕云气占，第二节是以雨占军战之事等，只有最后一节不同，它不是讲占法，而是有关星野的内容[28]。

五、方技类帛书

1.《足臂十一脉灸经》

帛书《足臂十一脉灸经》与《阴阳十一脉灸经》甲本、《脉法》、《阴阳脉死候》、《五十二病方》同抄在一幅长帛上，帛的幅宽为 24 厘米。该篇帛书全文共三十四行，字体为篆意较浓的古隶。全文没有标题，帛书整理小组根据其内容将之称为《足臂十一脉灸经》。

帛书《足臂十一脉灸经》的释文最早发表在 1975 年的《文物》杂志上，1979 年文物出版社出版的单行本《五十二病方》收有本篇帛书的释文和注释，1985 年出版的《马王堆汉墓帛书·肆》收录了本篇帛书的照片、释文和注释。

帛书《足臂十一脉灸经》是迄今为止我国发现最古的一部经脉学著作。文中有"足"、"臂"二字，且高出正文一格书写，可知此篇可分为"足"脉和"臂"脉两部分。其中"足"脉包括足太阳脉、足少阳脉、足阳明脉、足少阴脉、足太阴脉、足厥阴脉及死与不死候一节。"臂"脉则包括臂太阴脉、臂少阴脉、臂太阳脉、臂少阳脉、臂阳明脉五节，每一节均较简要而完整地记载了其脉的名称、循行径路、生理病态和灸法疗法。其特点是，这十一脉的循行方向全是由下而上、向心循行的，而其治疗方法则全是灸法，并都只说灸其脉，而没有穴位名称，也没有针治记载。至于病候的描述也简单而原始，没有多少理论和治则上的讨论，这反映了帛书所记经脉理论的原始性。

2. 帛书《阴阳十一脉灸经》甲、乙本

帛书《阴阳十一脉灸经》共有两种抄本，甲本紧接在《足臂十一脉灸经》后面抄写，共三十七行，保存得比较完整；乙本则和《却谷食气》、《导引图》抄在一幅帛上，中间残缺较多，仅存十八行。帛书本无篇名，帛书整理小组根据其内容将之命名为《阴阳十一脉灸经》。

这两篇帛书的释文最早发表在《文物》1975 年第 6 期上，甲本还被收入单行本《五十二病方》中，1985 年文物出版社出版的《马王堆汉墓帛书·肆》中，收有这两篇帛书的照片、释文和注释。

这两卷帛书是继《足臂十一脉灸经》之后，在《黄帝内经·经脉篇》之前撰写的另一种古经脉学著作。与《足臂十一脉灸经》相比较，《阴阳十一脉灸经》显然要进步得多，例如：

（1）关于十一脉的排列次序，是以阳脉在前，阴脉在后，不再是以足臂分先后。

（2）关于十一脉的循行径路、病理症候和灸法的描述，也比《足臂十一脉灸经》进步和丰富得多。

《阴阳十一脉灸经》的内容可分为足巨（太）阳脉、足少阳脉、足阳明脉、肩脉、耳脉、齿脉、足巨（太）阴脉、足少阴脉、足厥阴脉、臂巨（太）阴脉、臂少阴脉等十一节。有趣的是，这两篇和《足臂十一脉灸经》一样，都无"经脉"之称，而只有"脉"字作为"经脉"的统称，而且其治疗也很单一，全是采用灸法，说明这两卷经脉学著作仍比较原始，但是很显然它已发展丰富了《足臂十一脉灸经》的理论，为后来《黄帝内经》中的经脉说奠定了坚实的基础。

3.帛书《脉法》

帛书《脉法》抄录在《阴阳十一脉灸经》甲本之后，出土时已严重残损。全文仅三百余字，帛书整理小组根据原文首句的"以脉法明教下"，将之命名为《脉法》。

《脉法》的释文最早发表在 1975 年的《文物》杂志上，1979 年文物出版社出版的单行本《五十二病方》中也收有《脉法》的释文和注释。1985 年文物出版社出版的《马王堆汉墓帛书·肆》中则收录了《脉法》的照片、释文和注释。

帛书《脉法》的内容是论述根据脉法来判断疾病的症候，这里所说的"脉"，与《阴阳十一脉灸经》中"脉"的含义并不完全相同，它既有后世医书中的"经脉"之义，也有血脉（血管）之义。帛书《脉法》中还特别提到用灸法和砭石治疗的问题。西汉初期名医淳于意曾有"故古圣人为之《脉法》"之语，但《史记》所引《脉法》佚文似较帛书更为具体详细。

4.帛书《阴阳脉死候》

帛书《阴阳脉死候》抄录在《脉法》之后，全文一共才一百余字，是马王堆帛书中篇幅较短的一篇。该篇原无篇名，帛书整理小组根据其内容命名为《阴阳脉死候》。

帛书《阴阳脉死候》的释文最早发表在 1975 年的《文物》杂志上，1979 年文物出版社印行的单行本《五十二病方》中收有本篇帛书的释文和注释，1985 年文物出版社出版的《马王堆汉墓帛书·肆》收录了本篇帛书的照片、释文和注释。

帛书《阴阳脉死候》主要论述三阴脉与三阳脉疾病所呈现

的死亡症候及有关理论。文中认为三阳脉属天气，一般不至于死，只有折骨裂肤，才有死的可能性，故其死候只有一种。三阴脉则属地气，其病多是腐脏烂肠，常易引起死亡，故其死候有五种之多。因此，本篇和《脉法》一样，也是一篇古代的诊断学著作。其内容同《灵枢·经脉篇》中关于"五死"的一段相近，但有一些重要出入，而且没有《经脉篇》所具有的五行学说色彩，因此其著作年代应早于《黄帝内经》的成书。

5.帛书《五十二病方》（图二一）

帛书《五十二病方》抄写在《阴阳脉死候》之后。全篇帛书共计有四百六十二行，原无篇题，但卷首目录，目录之末有"凡五十二"的记载，正文每种疾病都有抬头标题，共五十二题，与卷首题字互相一致，因此帛书整理小组将其命名为"五十二病方"。

帛书《五十二病方》的释文最早发表于1975年的《文物》杂志上，1979年文物出版社出版的单行本《五十二病方》里收有该篇帛书的释文和注释，1985年文物出版社出版的《马王堆汉墓帛书·肆》则收录了全篇的照片、释文和注释。

帛书《五十二病方》是一篇迄今所知我国最古的医学方书。书中记载了各种疾病的方剂和疗法，少则一二方，多则二三十方不等。疾病种类包括了内科、妇产科、小儿科、五官科等科的病名，尤以外科病名为多。治疗方法主要是用药物，也有用灸法、砭石及外科手术割治的，还有若干祝由方。书中药名多达二百四十余种，有一些不见于现存古本草学文献，比较真实地反映了西汉初期以前的临床医学和方药学发展的水平。另外，值得注意的是，本篇帛书和前面四种古医书中，都没有针法出现，而《黄帝内经》中不但有针法，而且详述了九种形

图二一　帛书《五十二病方》局部（引自《马王堆汉墓文物》）

制、用途不同的医针。由此可见《五十二病方》的成书年代较早，在我国医药学史研究上有非常重要的价值。

帛书《五十二病方》末尾还附有几条古医方的佚文，而且字体亦有所区别，整理者曾认为这是在全书抄录后，另经他人续增的，故称其为《五十二病方》卷末佚文。这部分佚文由于多残缺不全，故很难句读。这种缀续佚文的现象有待进一步研究以揭示其真正的原因。

6．帛书《却谷食气》

帛书《却谷食气》和《阴阳十一脉灸经》乙本、《导引图》共同抄写在一幅宽约50厘米的整幅帛上。帛长150厘米。该篇文字出土时已成残片。由于残破严重，行数和字数颇难确定。现存可辨识的字计二百七十二个，缺损字数大概也在二百余字左右。从字体上看，这篇帛书当为汉初写本。本篇帛书原无篇题，帛书整理小组根据其内容将之命名为《却谷食气》。

帛书《却谷食气》的释文最早发表在1975年《文物》杂志上，1985年文物出版社出版的《马王堆汉墓帛书·肆》收录了本篇帛书的照片、释文和注释。

帛书《却谷食气》的内容大致包括却谷和食气两部分。却谷也叫辟谷、断谷或绝谷，是指停食五谷而服食代用品。食气是古代气功的一种，它是一种结合呼吸导引以求却病养身的方法。尽管本篇内容残缺不少，但其所录，反映了我国汉代以前气功导引方面的成就，现在看来也有许多临床实践的参考价值。

7．《导引图》

《导引图》抄写在帛书《却谷食气》、《阴阳十一脉灸经》乙本之后，出土时亦大部破损。该篇帛书亦原无篇名，帛书整理小组根据其内容将之命名为《导引图》。严格地说，它应属帛画，不应划在帛书内讨论，但该图的每个图式都有题记，而且又是和《却谷食气》、《阴阳十一脉灸经》乙本同抄在一幅帛上，故言及马王堆医书者，都自然要论到它。因此，我们亦将其和其他方技类帛书一起介绍。

《导引图》曾于1979年由文物出版社单独印行出版，1985年文物出版社出版的《马王堆汉墓帛书·肆》中收录了《导引图》的照片和题记释文。

《导引图》是一幅彩绘的导引练功图。经过帛书整理小组的多方缀合拼复，得知帛上共有四十四幅人物全身的导引招式，它分为上下四行排列，每行各绘十一幅小图，人像高9～12厘米。所绘人物有男有女，有老有少。人物姿态动作各异，有坐式者，有站式者，有徒手导引者，亦有持器械发功者。人物形象则多戴头巾或绾发，仅三人戴冠，身上多着夹袍、穿布履，但亦有赤膊、赤足者，可见其导引锻炼时并不讲究服饰。每个导引图侧都有文字题记，但因残缺太多，现能看出字迹者约三十余处，而清晰可辨者有二十余处。

《导引图》虽然残破严重，题记亦很简略，但其内容却十分丰富。《导引图》的题记可以大致分为两类：一类是导引动作的固定名称，如"折阴"、"熊经"；一类是治疗某种病症的动作，如"引温病"、"引颓"、"引聋"、"引膝痛"。还有两者兼有的，如"沐猴，引热中"。它是迄今为止我国考古发现中时代最早的一件健身图谱[29]，它和帛书《却谷食气》篇一样，为研究我国特有的气功疗法的源流和发展提供了很有价值的线索。

8. 帛书《养生方》

帛书《养生方》单独抄在一幅帛上，前面是正文，最末是目录，全文估计应有六千余字，但因缺损严重，现仅存三千余字。字体是介于篆隶之间的古隶体，抄写年代大致在秦汉之际。帛书原无篇题，帛书整理小组据其内容命名为《养生方》。

帛书《养生方》的照片、释文和注释收录在文物出版社1985 年出版的《马王堆汉墓帛书·肆》中。

从帛书《养生方》篇末的目录来看，该篇帛书共分三十二种医方，由于帛书残损，实际只有二十七种保存下来，根据其内容可以分为五类：

（1）用于男性治疗或保养。包括《老不起》、《不起》、《加》、《洒男》、《用少》、《食引》篇部分。

（2）用于女性治疗或保养。包括《勺（约）》、《益甘》、《去毛》等部分。

（3）用于行房。包括《戏》、《便近内》等部分内容。

（4）一般的养生补益。包括《为醴》、《治》、《麦卵》等部分内容。

另外，卷末还附有女性生殖器的平面图，上面标有表示其部位的术语。

从这些内容来看，帛书《养生方》与房中术有密切关系。古人所说的"养生"，概念很宽泛，不但包括一般的养生补益，也包括各种性治疗和保养。本篇帛书对于我们了解古代养生学具有重要的价值。

9. 帛书《杂疗方》

帛书《杂疗方》单独抄在一幅帛上，由于出土时已严重残损，其行数和字数都无法统计，据帛书整理小组公布的整理结果，现存文字约七十九行，而这七十九行中的文字残缺得也很厉害，因此内容识读相当困难。原篇无标题，帛书整理小组据其内容命名为《杂疗方》。

帛书《杂疗方》的照片、释文和注释见于文物出版社1985年出版的《马王堆汉墓帛书·肆》中。

帛书《杂疗方》也是一篇古医方书。现据残帛的有限内容来看，其内容主要包括六个方面。

(1) 益气补益医方，共二条。

(2) 壮阳、壮阴的诸医方，共二十条。

(3) 产后埋胞衣方，共二条。

(4) "益内利中"的补药方，约有三条。

(5) 治疗"蛕"虫及蛇、蜂所伤医方，共八条。

(6) 主治不详的若干残缺处方，共七条。

由于这些内容涉及面较多，故帛书整理小组将其定名为《杂疗方》，其内容亦仍以房中为主。另外，这卷帛书中所记的"禹臧狸（埋）包（胞）图法"有文无图，而帛书《胎产书》中则有图无文，因此这两卷帛书正好可以参校互补。

10. 帛书《胎产书》

帛书《胎产书》抄在一幅正方形的帛上，上部是两幅彩图，其中右上部为"人字图"，左上部为"禹臧（藏）图"。《胎产书》的文字全部抄写在帛的下部，现存约三十四行。字体接近云梦睡虎地秦简，估计写成较早。全篇原无篇题，帛书整理小组据其内容命名为《胎产书》。

帛书《胎产书》的照片、释文和注释都见于文物出版社1985年出版的《马王堆汉墓帛书·肆》中。

帛书《胎产书》是一篇有关胎产的方技类古籍，正文内容大致可分为两部分。第一部分是第1行至第13行，是"禹问幼频"养胎方法的记录，它论述了十月胚胎的形成及产妇调摄法，其内容与六朝、隋唐时流传的"十月养胎法"大致相同，但文字和叙述更为古朴简要，显然是比较早的祖本。第二部分是第 14 行至 34 行，主要集录了二十一个记载胞衣的处理、埋藏及求子等方法的医方。帛书上部的《禹藏图》、《人字图》在这卷帛书中都没有文字说明，但上述《杂疗方》中有一篇"禹藏狸（埋）包（胞）图法"可作"埋胞图"的注解。"人字图"虽在帛书中没有文字说明，但根据《睡虎地秦墓竹简·日书》甲种"人字"图的研究可知，这是一种根据胎儿产日预卜命运的测算图。

六、其他帛书

1.《驻军图》（或称为《守备图》）

《驻军图》是一幅长 98 厘米、宽 78 厘米的军用地图，用黑、红、青三色绘制。所谓军事地图，是在地形图上根据作战意图、计划，按照地理条件，标定兵力、武器等配置和作战态势等情况的地图，通常有进攻和防御（包括守备）之分。这幅地图上只表示了长沙自己方面的军队，而没有敌方南越国的军队和军事内容，说明它是一幅重在防御的军事地图。严格来说，本篇帛书为一幅帛画，但由于图中所记文字较多，故放在帛书中加以介绍。

《驻军图》的材料已经发表在 1977 年文物出版社出版的《古地图》中。

《驻军图》的左、上方，分别标有东、南二字，因而其方位是上南下北，与现在地图的方向正好相反。图中所绘区域大致在今湖南省江华瑶族自治县的沱江流域一带，方圆约五百里，其比例大致为八万分之一至十万分之一左右。图上用深颜色把驻军营地、防区界线等要素突出表示在第一层平面，而把河流、山脉等地理基础用浅色表示于第二层平面。这与现代专用地图的两层平面表示法是一致的。

《驻军图》上详细标注有城堡、障塞和营垒等军事要塞的位置与文字，并特别用丁形、方形或不规整的框格注明了驻扎军队的所在位置。从图上可以看到，驻守此地的有四支军队，大部分驻扎在诸水系的上游，分成九个营垒，其中主力军驻守于大深水一带，居中有"周都尉军"、"周都尉别军"，右翼有"徐都尉军"和"徐都尉别军"，左翼则有"司马得军"、"桂阳□军"等。最引人注目的是图中间的三角形堡垒式"箭道"，它的三面都绘有岗楼式的城垛和箭楼，并有一条"复道"靠近水系，隔水又有"周都尉军"驻防，很显然它是这一防区的最高统帅所在地。

《驻军图》中除一些军事要塞都有图注外，还绘有两个方形城邑。一处是"深平城"，它大致位于今江华瑶族自治县的沱江；还有一处是"故官"，它或许是候馆的旧址。此外，图上圈注最多的里名，经统计共有四十一个。"里"本是最基层的行政组织机构，但图上所注似乎并不注重"里"这一行政单位的大小，而主要是详注各里的户籍情况，如：

> 沙里，三十五户，今毋人。
>
> 垣里，八十一户，今毋人。
>
> 资里，十二户，不返。
>
> 蛇下里，四十七户，不返。
>
> 胡里，并路里。

很明显，这种记载，都是为驻军征集兵力、调集民力作注脚的，同时，也客观地记录了当时因战争而人口锐减的实际情况。

根据史料记载，公元前 181 年南越王赵伦曾"发兵攻边，为寇不止"，吕后曾派将军隆虑侯周灶将兵击之，后因暑疫罢兵。结合《驻军图》所绘军事防区图及所注文字推论，这幅帛图应绘制于吕后七年（前 181 年）南越王攻打长沙国边境之时到汉文帝元年（前 179 年）罢兵以前。它之所以随 3 号墓墓主人下葬，意味着这位墓主人亦是当时参加抗击南越、戍守边郡的长沙国军事长官之一。

2.《地形图》（或称《长沙国南部舆地图》、《西汉初期长沙国深水防区图》》）（图二二）

《地形图》画在一幅长、宽各 96 厘米的帛上。与《驻军图》一样，该图亦应属于帛画，但因图中所记文字较多，故亦放在帛书中介绍。该图原无题名，帛书整理小组根据其内容称其为《地形图》。

《地形图》的材料正式发表在 1977 年文物出版社出版的《古地图》中。

《地形图》上绘有河流、山脉和城镇、乡里、便道等各种地理要素，其所绘区域以"深平城"为主，西向大致包括桂林地区大滨江以东的灵渠，东向大致包括珠江口一带的九龙和香港，北向则大致止于湖南零陵地区阳明山以南的双篪附近，地跨今湖南、广东和广西壮族自治区的一部分。在东经 111 度至 112 度 30 分和北纬 23 度至 26 度之间。

与《驻军图》一样，《地形图》的方位也是上南下北，其比例尺约为十八万分之一。以现代地图制作理论来衡量，这幅图已相当准确精密。例如图中用闭合曲线来勾画的山脉，其轮廓、走向和峰峦起伏的地形特征都绘得十分准确，而用方块表示城镇、用圆圈表示"里"等行政单位都井然有序，不相杂

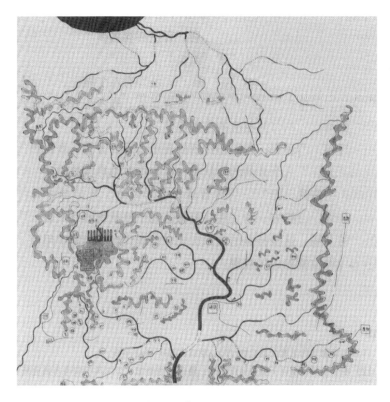

图二二　帛书《地形图》(引自《中国考古文物之美》)

乱。至于其比例的准确性，亦不能不使人们为之惊叹。

　　这幅地图所绘大致可以分为主区和邻区两大部分，主区以今湖南道县及潇水流域为中心，邻区以今全县、灌阳和钟水一带为主，广东南海一带则为远邻区。图中除了绘制深水（今潇水）这一主要水系外，共绘有三十多条支流。这些水系的描绘多用粗墨线勾填主干道，用细墨线描绘大小支流，河流的大小宽窄清楚明白，很便于查检。如果把图上深水水系的主要部分同现代地图作一比较，可以看出河流骨架、流向等都基本相似，有些区域几乎没有什么差别。有些河流名称如泠水等一直沿用到现在，也可谓是"源远流长"了。

这幅地图除详绘水系、山脉外，还标有八个城邑、五十七个乡里，其中八个城邑都是汉代所置县名。经考古调查，这八个城邑均已找到当时相应的古城遗址。

这幅地图还有一种用特殊图例表示山脉的方法，在该图的左侧下方画有九个并列的柱状物，柱头涂有山形线墨体，旁边还加注"帝舜"二字。相传帝舜曾巡游江南，死后葬于九嶷山。从该图所绘方位和文注，可知这九个柱状物即用来表示九嶷山的九峰。这种特殊的表示法无疑是现代地图绘制中用形象图示地理位置的最早范例。

注　释

[1] 李学勤《马王堆汉墓文物·序》，湖南出版社 1992 年版。

[2] 本节主要依据以下材料加以综述：湖南省博物馆、中国科学院考古研究所、《文物》编辑委员会《长沙马王堆一号汉墓发掘简报》，文物出版社 1972 年版。湖南省博物馆、中国科学院考古研究所《长沙马王堆一号汉墓》，文物出版社 1973 年版。湖南省博物馆、中国科学院考古研究所《长沙马王堆二、三号墓发掘简报》，《文物》1974 年第 7 期。中国科学院考古研究所、湖南省博物馆写作小组《马王堆二、三号汉墓发掘的主要收获》，《考古》1975 年第 1 期。何介钧、张维明《马王堆汉墓》，文物出版社 1982 年版。陈松长《长沙马王堆西汉墓》，上海古籍出版社 1998 年版；《帛书史话》，中国大百科全书出版社 2000 年版。

[3] 其他三格基本上是空的，有两个空格中放有牡蛎壳和植物枝条，用处不详。

[4] 据《论衡》的《谢短》及《书解》两篇所言，东汉时期的简册制度规定："二尺四寸，圣人文语"；"诸子尺书"。

[5] 李学勤《简帛佚籍与学术史》第 5 页，时报文化出版公司 1994 年版。

[6] 李学勤起先介绍说帛书有二十六件，后来在帛书的进一步整理拼复中又分出二件，因而是二十八件。详见李学勤《记在美国举行的马王堆帛书工作会议》，《文物》1979 年第 11 期；《马王堆帛书与〈鹖冠子〉》，《李学勤集》第327～340 页，黑龙江教育出版社 1989 年版。

[7] 见陈松长《长沙马王堆西汉墓》第 12 页，上海古籍出版社 1998 年版；《帛书史话》第 20 页，中国大百科全书出版社 2000 年版。

[8] 于豪亮《帛书周易》一文对于卦名异文的情况曾一一罗列，并指出："卦名不同，只是字形不同而已，字的读音都相同或相近，可以通假。"其说甚确。另外，这种通假往往是帛书的卦名使用通假字，而今传本则多为本字。见李学勤《周易经传溯源》第 214～217 页，长春出版社 1992 年版。

[9] 于豪亮《帛书〈周易〉》，《文物》1984 年第 3 期。

[10] 饶宗颐曾引魏齐别体，认为此字是"象"的俗字，见《〈敦煌俗字研究导论〉序》，新文丰出版公司 1996 年版。

[11] 对于马王堆帛书《周易》的《系辞》部分，学术界有两种理解。一种观点认为帛书《系辞》有二篇，分为上、下，《系辞上》即帛书传文与今本《系辞》内容相同的一篇，《系辞下》即帛书《易之义》篇。另一种观点认为帛书《系辞》仅有一篇，即前面所谓的《系辞上》篇。目前一般采用后说，本书也是如此。

[12] 廖名春《帛书系辞释文校补》，1992 年长沙马王堆汉墓国际讨论会论文，后经修改，以《帛书系辞补正》为题发表于《中国文化研究所学报》1993 年第 2 期。廖名春另外还写了《帛书〈系辞〉再补》，《周易研究》1993 年第 4 期；《帛书〈周易系辞传〉异文初考》，《中国海峡两岸黄侃学术研讨会论文集》，华中师大出版社 1993 年版。

[13] 同 [5]，第 6 页。

[14] 参见廖名春《帛书〈二三子问〉简说》（《道家文化研究》第三辑）、陈松长《帛书史话》第 26 页（中国大百科全书出版社 2000 年版）等文。

[15] 陈松长《帛书史话》第 27 页，中国大百科全书出版社 2000 年版。

[16]《马王堆汉墓文物综述》，见《马王堆汉墓文物》，湖南出版社 1992 年版。

[17] 廖名春《帛书〈缪和〉、〈昭力〉简说》，《道家文化研究》第三辑第 212 页，上海古籍出版社 1993 年版。

[18] 同 [15]，第 38 页。

[19] 高明《帛书老子校注》第 193 页，中华书局 1996 年版。

[20] 高正《帛书"十四经"正名》，《道家文化研究》第三辑第 283 页，上海古籍

出版社 1993 年版。

[21] 载于《道家文化研究》第三辑，上海古籍出版社 1993 年版。

[22] 李学勤《古文字学初阶》第 60 页，中华书局 1985 年版。

[23] 同 [15]，第 53 页。

[24] 以上介绍见陈松长《帛书史话》第 54～55 页，中国大百科全书出版社 2000 年版。

[25] 同 [15]，第 60 页，本篇帛书的其他叙述亦据此书。

[26] 见赵逵夫《马王堆汉墓出土〈相马经·大光破章故训传〉发微》，《江汉考古》1989 年第 3 期。

[27] 本部分内容参见陈松长《帛书史话》第 65～68 页，中国大百科全书出版社 2000 年版。

[28] 同 [15]，第 55～59 页。

[29] 1983 年底至 1984 年初湖北江陵张家山汉墓出土的竹简中有《引书》，与《导引图》类似，但无图。

三　马王堆帛书的研究

马王堆帛书出土和陆续发表后，立即在海内外产生了强烈的反响，学者们纷纷发表文章和论著，从各个角度对帛书加以探讨，至今已有数以百计的著作和论文。以下根据我们所掌握的材料，对帛书的研究情况进行综述。

（一）六艺类帛书

1. 帛书《周易》研究

马王堆帛书《周易》有经有传，经文除个别字有残损外，六十四卦的卦象、卦辞、爻辞均完整无缺。湖南省博物馆与中国科学院考古研究所于 1974 年发表的《长沙马王堆二、三号墓发掘简报》中曾刊印了帛书《周易》的一部分照片，即含键（乾）、妇（否）、掾（遁）、礼（履）、讼、同人、无孟（妄）、狗（姤）、根（艮）、泰畜（大畜）、剥、损、蒙诸卦的帛书残片，引起了国内外学术界的极大兴趣[1]。参加帛书整理工作的于豪亮在 1976 年曾撰写《帛书〈周易〉》一文，但当时未能公布，直至 1984 年才刊登于《文物》第 3 期上。香港的饶宗颐则根据《发掘简报》刊登的这部分照片，写出了《略论马王堆易经写本》一文，1980 年在成都古文字学会上提出讨论，后收入《古文字研究》第 7 辑中。该文根据帛书照片所见数卦的卦序，探讨了这种卦序排列的内在规律，进而推测整个六十四卦各卦的排列次序，与后来公布的帛书经文密合无间。

与通行本比较，帛书《周易》经文在卦名、卦辞、爻辞的文字上都存在不少差异，于豪亮的《帛书〈周易〉》（《文物》1984年第3期）一文曾列举出帛书卦名与汉石经及今本卦名的对照表，对帛书本卦辞、爻辞与传世本的异同也进行了讨论。于豪亮的文章还有一个很有创见之处在于，它指出了帛书的卦名有两个与《归藏》有关，一个是钦卦（即通行本的咸卦），一个是林卦（即通行本的临卦），《归藏》一书，自《周易正义》称之为"伪妄之书"后，学者多视之为伪书。于豪亮则指出帛书《周易》与《归藏》有一定的渊源关系，而帛书《周易》在汉初已不传，从而推论《归藏》成书绝不晚于战国，可谓发前人所未发。饶宗颐及李学勤也有类似的意见[2]。1993年，在湖北江陵县荆州镇郢北村（今荆州市郢城镇郢北村）王家台秦墓发现了秦代的《归藏》，证明三位先生的有关推论是完全正确的。

除于豪亮外，还有很多学者在帛书《周易》经文的文字训诂方面做了很多工作，如丁南《帛书〈周易〉别字谐声臆测》（《中华易学》1982年第2期）、王辉《马王堆帛书〈六十四卦〉校读札记》（《古文字研究》第14辑）、严灵峰《马王堆帛书〈易经〉的出土对校勘学的重大意义》（《无求备斋学术新著》，台北商务印书馆1987年版）等。这些先生对于重新审视《周易》经文做了很有意义的工作。

不过，帛书《周易》最引人注目的地方还在于它的卦序。通行本《周易》六十四卦分作上下两篇，上篇起于乾，终于离，共三十卦；下篇起于咸，终于未济，共三十四卦。其排列次序遵循"二二相耦，非覆即变"的原则。然而在帛书《周易》中却是始于乾终于益,卦序完全不同。因此这两种卦序之间的关系问题就成为人们讨论的焦点。大致而言,学者们主要有两种意见。第一,认为帛书本卦序要早于今本的卦序。于豪亮在《帛书〈周易〉》一文中指出:"汉石经、《周易集解》和通行本,六十四卦排列次序相同,帛书却与之全然不同,因此帛书本显然是另一系统的本子","帛书可称为别本《周易》,它的卦序简单,可能是较早的本子"。刘大钧在《帛〈易〉初探》(《文史哲》1985 年第 4 期)中也指出:"帛本这种八卦相重而得六十四卦的方法,显然出自另一系统","今本六十四卦当初可能是以帛本八卦相重之法组成,只是在'二二相耦,非覆即变'的原则下,多数卦又重新作了排列。"他还推测说:"春秋乃至百家争鸣的战国时代,可能有几种不同系统的《周易》本子在社会上流传,这些本子由八卦排列到六十四卦顺序都有不同,其占筮的方法,可能也不相同,今本只是其中之一。《序卦》的写成,正说明当时传授今本《周易》的经学大师们,为宣扬与提高今本《周易》的位置,以区别于社会上别种编次的《周易》传本,因而作成《序卦》。目的是为今本《周易》的编次张目,以制造理论依据,扩大其声望。"对于这种看法后来还有一些学者表示支持[3]。第二,认为今本卦序要早于帛书本。张政烺指出:"汉唐石经和通行本《周易》六十四卦次序一样,从'十翼'和一些古书的引文看,知是旧本如此。帛书《六十四卦》大不相同,乃经人改动……筮人一般文化程度不高,为了实用,不求深解,按照当时通行的八卦次序机械地编造出帛书《六十四卦》这样一个呆板的形式,自然会便于检查,却把《易》学上的一些微言奥义置之不顾了"(《帛书〈六十四卦〉跋》,《文物》1984 年第 3 期)。李学勤在

《马王堆帛书〈周易〉的卦序卦位》(《中国哲学》第 14 辑)一文中对帛书《周易》的卦序卦位问题进行了详尽的讨论,并指出:"帛书卦序不会早于传世本卦序。理由很简单,如果《周易》经文本来就有像帛书这样有严整规律的卦序,谁也不会打乱它,再改编为传世本那样没有规律的次第,而《序卦》传也用不着撰写了。事实只能是,传世本是渊源久远的经文原貌,帛书本则是学者出于对规律性的爱好改编经文的结果。西晋时出土的汲冢书,内有《易经》两篇,与传世本同,其时代为战国中期,可为旁证。《序卦》的作者不敢触动经文次第,帛书本则另寻出路,为了贯彻阴阳说的哲理,竟大胆地把经文重排了。"近年邢文在《帛书周易研究》(人民出版社 1997 年版)的中篇《经文:帛书〈周易〉的卦序问题》对李学勤的这一论述进行了进一步阐发,并指出,帛书六十四卦反映了汉易卦学的思想特征,"秦皇坑儒,《周易》以卜筮之书而幸存;汉代易学象数易的兴盛,当与此有关。帛书《周易》经文卦序的规律性及其对于阴阳思想的强调,或也是秦火之后易学术数倾向的反映,关涉帛书《周易》经文的成书时代;其卦序的重编,也许正是汉易重排卦序的滥觞"。

　　帛书《周易》有经有传,在帛书《周易》经文《六十四卦》的公布过程中,对于整件帛书《周易》的结构存在不同的说法,随着帛书《易传》材料的逐渐公布,学者们的讨论也不断深入。迄今为止,关于帛书《周易》结构的认识主要有以下几种意见:

　　第一,传文六种七篇说(于氏)。于豪亮在《帛书〈周易〉》一文中,把帛书《周易》分成三部分。第一部分是《六十四卦》;第二部分是《六十四卦》卷后佚书,分为五篇,前两篇是现在我们所说的《二三子问》，后三篇是《要》、《缪和》、《昭力》；第三部分是《系辞》，分上下两篇。这就是说，帛书《周易》包括两件帛书，除经文外，有传文五种七篇。

第二，传文六种六篇说（韩氏）。韩仲民在《帛〈易〉说略》（北京师范大学出版社1992年版）一书的《帛〈易〉概述》章中对帛书《周易》的结构提出不同看法。他认为帛书确是两件，第一件帛书是《六十四卦》和《二三子问》，但后者只是一篇；第二件帛书是《系辞》与卷后几篇佚书，包括以"子曰易之义"开始的一篇，然后是《要》、《缪和》、《昭力》。这样，帛书《周易》除经文外，有传文六种六篇。

第三，传文六种六篇说（傅、陈二氏）。与韩仲民帛书《周易》两件说不同，由傅举有、陈松长编著的《马王堆汉墓文物》（湖南出版社1992年版）所附综述提出了第三种意见。他们认为帛书《周易》仅为一件帛书，在经文后面的传文为《二三子问》、《系辞》、《子曰》（即《易之义》)、《要》、《缪和》、《昭力》，计传文六种六篇。

第四，传文六种七篇说（李氏）。李学勤对于帛书《周易》结构的介绍和认识分为两个阶段，前一阶段主要是引用于豪亮及韩仲民等的有关论述[4]；随着传文有关材料的陆续公布，李学勤在《帛书〈周易〉的几点研究》（《文物》1994年第1期）中提出了新的意见。他详细分析了帛书的拼接缀合，结合《二三子问》与《易之义》的文献特征，指出帛书《周易》包括两件帛书，可以称作上下两卷，上卷包括经文和《二三子问》上下篇，下卷包括《系辞》、《易之义》、《要》、《缪和》、《昭力》，因此传文总共六种七篇。

第五，五种七篇说（邢氏）。邢文在《帛书周易研究》（人

民出版社 1997 年版）一书中提出了新的见解。他基本同意李
学勤对帛书结构的分析，但认为《缪和》与《昭力》两篇实为
一种帛书，篇分为二，因此传文总共是五种七篇。

帛书《周易》的学派之辩，也是帛书《周易》出土之后学
术界讨论的一个热点。1989 年第 1 期《哲学研究》发表了陈
鼓应的《〈易传·系辞〉所受老子思想的影响——兼论〈易传〉
非儒家典籍乃道家系统之作》一文，列举了《系辞》中十三个
重要概念、观点或学说，指证其渊源于原始道家，进而说明
《易传》非儒家典籍，乃道家系统的著作。吕绍刚迅即反驳，
认为"《易大传》与《老子》是两个根本不同的思想体系"
（《〈易大传〉与〈老子〉是两个根本不同的思想体系——兼与
陈鼓应先生商榷》，《哲学研究》1989 年第 8 期），陈鼓应又发
表《〈易传·系辞〉所受庄子之影响》（《哲学研究》1991 年第
4 期）、《〈易传〉与楚学齐学》（《道家文化研究》第一辑）、
《论〈系辞传〉是稷下道家之作》（《周易研究》1992 年第 2
期）、《马王堆出土〈系辞〉为现存最早的道家传本》（《哲学研
究》1993 年第 2 期）、《也谈帛书〈系辞〉的学派性质》（《哲
学研究》1993 年第 9 期）等，并将其论文结集为《易传与道
家思想》一书（三联书店 1996 年版）。对于陈鼓应的这些论
述，学术界有赞同者[5]，有反对者[6]，也有调和中立者[7]。
虽然这场争论没有最后的结果，但无疑推动了研究工作的深
入。

随着帛书《周易》经传材料的陆续公布，帛书《周易》与
古代学术之间的关系成为学者们十分关注的问题。学者们从各
个角度对帛书《周易》在学术史上的意义进行了研究。如李学
勤等人据帛书《周易》讨论孔子与《周易》的关系[8]，邢文

据帛书传文讨论火、水之说及卦气说和五行说[9]，廖名春据帛书易传讨论先天卦位的起源问题[10]等等，内容十分丰富，在此不能缕述。

海外也有不少汉学家从事帛书《周易》的研究工作，如日本东京大学的池田知久著有《马王堆汉墓帛书周易要篇的思想》（东京大学《东洋文化研究所纪要》126 册）等文，受到国内学者的重视。

1977 年，在安徽阜阳双古堆 1 号汉墓（墓主为第二代汝阴侯夏侯灶）出土了汉初的竹简本《周易》；1994 年初，上海博物馆从香港文物市场购回一批战国楚简，其中亦有《周易》。相信随着这些材料的公布，对于帛书《周易》及整个易学史的研究将会更加深入。

2．帛书《春秋事语》研究

帛书《春秋事语》的释文发表后，最早对《春秋事语》进行研究的是参与帛书整理工作的张政烺，他发表的《〈春秋事语〉解题》（《文物》1977 年第 1 期）是研究帛书《春秋事语》的一篇重要论文。张政烺在文中首先指出了本篇帛书取名为《春秋事语》的缘由。这篇帛书存十六章，没有篇题，每章各记一事，既不分国别，也不论年代先后。记事最早的是鲁隐公被杀，事在公元前 712 年；最晚的是韩赵魏三家灭智伯，事在公元前 453 年，可见其记事年代属于春秋时期。这十六章的文字记事十分简略，而每章必记述一些言论，所占字数要比记事多得多，内容既有意见，也有评论，使人一望而知这本书的重点不在讲事实而在记言论。这种体裁的书在春秋时期名叫"语"。语，就是讲话。语之为书既是文献记录，也是教学课本。"语"这类书虽以记言为主，但仍不能撇开记事，所以又有以"事语"名书的，如刘向《战国策书录》在叙述他所根据的底本中，有一种就是《事语》。马王堆出土的这件帛书所记皆春秋时事而以语为主，因此帛书整理小组给它取了《春秋事语》这样一个书名。

对于帛书《春秋事语》的性质，张政烺认为它可能是一部历史教科书。他引用了《史记·十二诸侯年表序》："铎椒为楚威王傅，为王不能尽观《春秋》，采取成败，卒四十章，为《铎氏微》"的记载，认为《春秋事语》与《铎氏微》的性质是一致的[11]。所不同者为编者文化水平的高低。铎椒的书有条理，企图体现"微言大义"；而《春秋事语》则显得分量轻，文章简短，编辑体例也很混乱，因此张政烺认为它可能出自一位教书先生之手。这样的书当是儿童读本，讲些历史故事，学点语言，为将来进一步学习《春秋》等书作准备。这和清代的启蒙书《鉴略》、《读史论略》、《幼学故事琼林》等书有些相似。

关于《春秋事语》的内容，张政烺指出，它所记的事基本上和《春秋》三传、《国语》等书相同，没有很多新东西。所记的语就是当时通行的议论，在那些讲话的人中，张政烺指出最值得注意的是闵子辛。此人在本篇帛书中出现三次。闵子辛此人它书不见，张政烺认为可能就是春秋时期的闵子骞[12]，并引《说文》三篇上云："辛，罪也，从干二，读若愆"。辛辛形近，愆骞音同。闵子骞名损，辛、愆和损义亦相应。因此，见于《春秋事语》的闵子辛即闵子骞。张政烺还认为，书中引用闵子辛的议论，目的是告诉学生如何分辨是非。《春秋事语》一书应与闵子辛有密切关系，可能闵子辛有一部论春秋的书，被帛书的编者选用了一些材料，也可能本书编者就是闵子辛的门徒。

关于《春秋事语》的史料价值，张政烺指出本书这十六章所记的十六件事绝大部分见于《春秋》三传、《国语》和一些子书中，但还是可以互相补充参考。其中第二章《燕大夫章》所记不见于它书记载，该章文字虽然不多，却画龙点睛，增加了我们对于春秋时期燕国的认识。又如第五章说"晋献公欲得随会"，所记内容虽有不少史实上的错误，但也有一些不见于传世古籍的句子，可以使我们进一步证实《左传》和《韩非子》的相关记述。

关于《春秋事语》在古汉语和古汉字研究方面的价值，张政烺指出，《春秋事语》应是战国时期的作品，抄写在秦末汉初，比起《说文》约早三百年，因此它提供了极为珍贵的材料。张政烺还举了两个例子：（1）《伯有章》记载郑国的执政伯有是个酒鬼，和公孙黑闹矛盾。公孙黑想杀他，"伯有亦弗芒，自归其家"，关门夜饮。这里的"芒"是着急的意思，"弗芒"就是现代口语中的"不慌不忙"，古代文字材料和现代口语对应得如此明白，十分少见。（2）《宋荆战泓水之上章》有"羚"字。此字不见于传世古书，但在帛书《老子》甲本卷后的古佚书《明君》篇末有一段连续出现三次，帛书整理小组认为与"养"意接近，意为"取"。这一解释在《春秋事语》中也是完全可通的，而且根据《春秋事语》进行深入研究，还可以把羚的字义定得更加贴切，可将之释为"攘"，"攘"的意义是取，但常指因其自来而取之。这种理解放在《明君》篇中也同样更为确切。

至于《春秋事语》在校勘方面的价值，张政烺指出，考古出土的竹简帛书都是极为珍贵的文物，但由于底本和抄手的好坏不一，其价值也有所不同。"对古本的优劣不能绝对化，更不能迷信古本。这些古书的出现，只是增加了校勘的资料，而不是免除了我们校勘的劳动"。具体到《春秋事语》而言，既在校勘上有可贵的价值，也有不少错误之处。应该说，张政烺的这些论述对于利用出土文献校勘古籍具有方法论上的意义。张政烺还将《鲁桓公与文姜会齐侯于乐章》与《管子·大匡篇》进行了对比研究，既指出了帛书的众多错字，也举出了帛书的一些地方可能校正《管子》之误。如：（1）"今彭生二于君"，"二"当从帛书作"近"。（2）"而腴行以戏我君"，"我"当从帛书作"阿"，"戏"字后加，当删。（3）"又力成吾君之祸"，"祸"当从帛书作"过"。（4）"岂及彭生而能止之哉"，"止"当从帛书作"正（贞）"。（5）"无所归死"，"死"当从帛书作"怨"。

在张政烺的论文发表后，徐仁甫的《马王堆汉墓帛书〈春秋事语〉和〈左传〉的事、语对比研究——谈〈左传〉的成书时代和作者》（《社会科学战线》1978年第4期）、郑良树的《〈春秋事语〉校释》（《竹简帛书论文集》，中华书局1982年版）、李学勤的《〈春秋事语〉与〈左传〉的传流》（《简帛佚籍与学术史》，时报文化出版公司1994年版）、骈宇骞的《帛书〈春秋事语〉与〈管子〉》（《文献》1992年第2期）、吴荣曾的《读帛书本〈春秋事语〉》（《文物》1998年第2期）等文继续对帛书《春秋事语》加以探讨。

郑良树文系对帛书《春秋事语》全篇加以详细校释，对《春秋事语》的史料价值颇有发明，很便于人们理解帛书内容。骈宇骞文则在张政烺所述基础上，对于帛书《春秋事语》对《管子·大匡篇》的校勘作用又进行了几点补充：（1）"文姜告齐侯"，帛书作"文姜以告齐侯"，义长。(2)"身得免焉"，当从帛书作"身得庇焉"，"庇"，庇护。《左传·襄公三十一年》云："大官、大邑所以庇身也。"(3)"夫君以怒遂祸，不畏恶亲。开容昏生，无丑也"一句，当从帛书作"君以怒遂祸，不畏恶也。亲间容昏，生□无慝也"。(4)"二月"，为后人所加，当删。(5)"无所归怨"前应从帛书加"恶于诸侯"四字。吴荣曾文则举东汉画像石刻材料所见之"敏子恣"即"闵子恣"的材料，补证张政烺所作推测的精确性[13]。

关于《春秋事语》的成书、抄写年代，张政烺认为"帛书《春秋事语》当是战国时期的作品，抄写在秦末汉初"。这种观点得到大部分学者的肯定。但徐仁甫则提出了不同意见，指出："马王堆汉墓帛书《春秋事语》，不避汉高帝刘邦的讳，而避秦始皇的父亲名楚，故称曰荆。这和《韩非子》一书'凡言荆者，俱为楚之代名，以避秦讳改也'一样。那么《春秋事语》的成书当在秦始皇统一天下之后，即公元前200年左右。"这种观点，其实是采用帛书整理小组的意见，但这段话中有两点不太正确。一是将帛书的抄写年代换成了"成书"年代。二是所言避秦始皇父楚讳的问题。李学勤指出："古代最需要严格避讳的是'今上'之名。……帛书第十三章确称楚为荆，但西周金文已有称楚作荆或楚荆之例。即使帛书此处确为讳字，也可能是传抄未改。帛书中不讳秦始皇名政，如第九章有'后（苟）入我□，正（政）必宁氏之门出'，可见恐不抄于秦代。作为楚汉交争时期的写本，是最合理的。"现在看来，关于帛书成书及抄写年代的问题已经基本解决了。

帛书《春秋事语》与《春秋》、《左传》的关系，也是许多学者很感兴趣的问题。徐仁甫在其论文中，从帛书的避讳、个别词语的有无以及《春秋事语》第十章与《左传》的比较来说明《春秋事语》所采原书的作者，一定没有见过《左传》这部书。因为《左传》对《春秋事语》所采原书的文字，有所增，又有所改；而且所增所改，又比原书总要好些。因此，他认为"《左传》的成书，在《春秋事语》之后——西汉时代；而其作者，绝不是春秋时的左丘明，而是西汉末刘歆托之左丘明的"。这种观点并不为大多数学者所认同。李学勤认为"《左传》之不同于帛书的，不只是文字语句，而且是史事内容。假如《左传》是袭用《春秋事语》，那么多出的那些事迹过程又从哪里来的呢？如果是杜撰，如何能委曲尽理？如果别有所据，岂不是当时存在另一部《左传》么？这显然是不合理的"。至于帛书内容有的与《左传》少有出入，这只能说是作者闻见有异，帛书的作者博采其他书籍，对《左传》作个别更改。这种现象在古籍中是常见的。另外，帛书记载的上下限与《左传》相一致，帛书袭用《左传》之处甚多，帛书的文例也多同《左传》等等，都可证《左传》为《春秋事语》所本。李学勤最后归纳说："《春秋事语》一书实为早期《左传》学的正宗作品。其本于《左传》而兼及《谷梁》，颇似荀子学风。荀子又久居楚地，与帛书出于长沙相合，其为荀子一系学者所作是不无可能的"。

吴荣曾则对战国时期的《春秋》之学进行了讨论，指出，由于儒家对《春秋》的重视，战国时儒门弟子及其后学致力于《春秋》者不乏其人，子夏、曾子等人都是治《春秋》的大家。当时儒家研治或评说《春秋》已成为一种风气。流传到后世的作品，以《左传》、《公羊》、《谷梁》为最著。还有铎椒、虞卿以及西汉人提到的邹氏和夹氏的《春秋》。《公》、《谷》两书中引用的公羊子、沈子、鲁子、司马子、北宫子、女子、谷梁子、尸子，也都是诸子百家中擅长于《春秋》之学者。董仲舒《春秋繁露·俞予》说："孔子曰：吾因其行事而加乎王心焉，以为见之空言，不如行事博深切明。故子贡、闵子、公肩子言其切而为国家资也。"董仲舒把闵子骞和子贡等并列在一起，以为都是长于《春秋》者，但有关闵子骞的记载不见于传世古籍，帛书《春秋事语》的出土，还可证明闵子骞亦是精于《春秋》的名家。战国时代《春秋》之学的特点是诸子学和史学的合流与相互渗透。当时《春秋》之学盛行的原因也在于此。这种状况亦为汉代所继承，故《公羊》、《谷梁》一直是两汉时的显学。

对于《春秋事语》的结构特点，吴荣曾也进行了一些讨论。吴荣曾认为，此书的性质和《左传》比较近似，以纪事为主。书中所引人物的议论，有些可能是出于作者的假托，目的是借他们之口阐明自己的看法或主张。吴荣曾还专门将这些议论与《春秋》三传的议论进行比较，指出《公》、《谷》两书都致力于对"微言大义"的探讨和辨证，而《春秋事语》论史多从政治利害得失为着眼点，所以它和《左传》相近，和《公》、《谷》则相差较远。

学者们的这些讨论对于进一步推进《春秋事语》的研究无疑具有良好的作用，希望今后能有更多的学者加入这些讨论之中。

3. 帛书《战国纵横家书》研究

帛书《战国纵横家书》共二十七章，一万七千余字。这批材料公布后，许多学者纷纷撰文加以讨论，其文章主要围绕帛书的定名、分批、文字校勘、成书时代及史料价值等方面。

　　这件帛书原无篇名，帛书整理小组最早称其为《战国策》，唐兰起初曾怀疑是《汉书·艺文志》纵横家里的《苏子》三十一篇[14]，但大部分学者还是同意帛书整理小组的定名，郑良树还在其《论帛书本〈战国策〉的分批及命名》一文中，对唐兰的论据逐一进行了商榷。后来帛书整理小组把本篇帛书改题名为《战国纵横家书》。这样，既避免了不必要的争论，又可为持不同意见的学者所接受，因此这一定名已得到学界的普遍认可。

　　对于本篇帛书材料的分批，学者们一般都把它分为三组。如杨宽言："《战国纵横家书》大体上可以分为三个部分，是从三种不同的战国游说故事的册子中辑录而成的：（1）从第一到第十四章，是苏秦游说资料。各章体例相同，内容相互有联系，编排也有次序，和以后各章编排杂乱的不同。所用的文字也有它的特点，例如'赵'字多省作'勺'，'韩'字多作'乾'等，应该是从一部有系统的原始的苏秦资料辑录出来的。……（2）从第十五到第十九章，该是从另一种记载战国游说故事的册子中辑录出来的。每章的结尾，都有个字数的统计，第十九章结尾除了有本章的字数'三百'以外，接着有'大凡二千八百七十'八个字。'二千八百七十'正是这五章字数的总数。……（3）从第二十到第二十七章，应该是出于又一种辑录战国游说故事的册子。前五章，都见于今本《战国策》或《史记》。其中第二十到第二十二的三章也属于苏氏游说辞，却没有和开首十四章苏秦资料汇编在一起，应该是出于另一个来源的缘故。这三章所用文字和开首十四章也不同，例如'赵'都不作'勺'，'韩'都不作'乾'，张仪的'仪'作'羛'。"对于这种三分法，大部分学者都没有异议，但郑良树

则表示了不同意见。他充分肯定了杨宽等人对帛书第一、二部
分的划分，但认为其中的第三组材料实际上是相当复杂的一
批，认为杨氏等人对第三部分的划分显得有些粗疏，并提出了
自己的看法。他统计了各章主要人物的出现次数，将这八篇细
分成了五个单元："(1) 第二十及二十一章没有提及任何人名，
无法和其他篇章贯穿起来，而且，它们都是苏氏说辞，我们列
为第一单元。(2) 第二十二及二十四章所提及的人名完全雷
同，应当是有很密切的关系，我们列入第二单元。(3) 第二十
五章出现的人物是文信侯和蔡乌，与其他篇章无法连串，我们
编为第三单元。(4) 第二十三及二十七章虽然没有相同的人物
出现，不过，它们所叙述的都是楚人楚事，我们归为第四个单
元。(5) 余下的第二十六章，我们归为第五个单元。"[15]

郑良树还在此基础上，再根据帛书用字情况的统计，对整
件帛书《战国纵横家书》提出了两种新的划分方法，一种是四
分法，即：(1) 第一章至第十四章。(2) 第十五章至第十九
章。(3) 第二十章至二十四章及二十七章。(4) 第二十五章及
二十六章。另一种是三分法，即：(1) 第一章至十四章、二十
五章及二十六章。(2) 第十五章至十九章。(3) 第二十章至二
十四章及二十七章。

至于这几批帛书内容的关系，学者们的观点也很不一致。
马雍认为，帛书"编排次序杂乱无章，不按时间先后"。具体
而言，第一组一至十四章"有密切的联系，内容集中，应作一
整体看待"，但是这十四章帛书"原来的编次非常清乱，先后
倒置，完全不按时间顺序"。第二组和第三组"各章之间无直
接联系"。杨宽则言，帛书第一至十四章"编排很有条理，和
十五章以后的杂乱无章不同"。可见杨宽认为第一组的编排很

有次序，而第二、三组则是杂乱无章。

对于杨氏、马氏有关帛书各组次序的这些观点，近年来王泽文提出了不同的意见。王泽文同意杨宽的意见，认为帛书第一组的十四章原来的编排"有一定原则，首先，依据给燕王的书信和游说辞或给齐王的书信和游说辞分成两部分，即前七章和后七章，各部分内部基本上以时间先后排列；同时，两部分之间相互照应，总的遵循一个相同的时间次序。这个次序也体现了帛书所涉及事件的发展脉络"。对于第二组帛书，王泽文指出学者们过去多关注其每章末均有统计字数、第十九章末有这五章的总字数以及用字写法统一等特点，但他指出本组帛书还有另外两个特点值得注意：首先是时间跨度。这组帛书反映的都是战国晚期的形势，均表现出秦对山东诸国（尤其是三晋及齐国）的咄咄攻势，且时间上均晚于第一组即前十四章。第二个特点是语言风格。这组帛书的语言有较鲜明的特色，如帛书十五章"须贾说穰侯"引《周书》"唯命不为常"，帛书十九章"谓穰侯"引《诗》"树德者莫如兹（滋），除怨者莫如尽"，而且各章对游说者的智谋和高超技巧多有展现。与第一组相比，第二组帛书似较为侧重游说之术。至于第三组帛书，王泽文也认为其内容驳杂，但指出这八章似乎也有一个共同之处，即偏重游说之术，且多谈祸福、存亡、安危、顺逆等矛盾的对立转化。

对于帛书编排的这些截然不同的看法，当与对各篇帛书的断代有密切联系，特别是第一组十四章有关苏秦的帛书，学者们进行了细致的研究，但对各章的断代却存在不同认识，从而也直接影响了对苏秦生平事迹的勾勒。如马雍对这十四章的排列顺序是：

次序	原章次	章题	年代
1	五	苏秦谓燕王章	前 300 年
2	九	苏秦谓齐王章（二）	前 289 年之末
3	八	苏秦谓齐王章（一）	前 288 年
4	十	苏秦谓齐王章（三）	前 288 年
5	十四	苏秦谓齐王章（四）	前 287 年上半年
6	六	苏秦自梁献书于燕王章（一）	前 287 年上半年
7	七	苏秦自梁献书于燕王章（二）	前 287 年上半年
8	十三	韩臏（瞑）献书于齐章	前 287 年
9	十一	苏秦自赵献书于齐王章（一）	前 287 年秋初
10	十二	苏秦自赵献书于齐王章（二）	前 287 年 8 月以后
11	三	苏秦使盛庆献书于燕王章	前 286 年年初
12	二	苏秦使韩山献书燕王章	前 286 年上半年
13	一	苏秦自赵献书燕王章	前 286 年上半年
14	四	苏秦自齐献书于燕王章	前 286 年

王泽文认为，这批帛书应从整体上分成两部分，前七章是苏秦给燕昭王的信和游说辞，后七章是苏秦及韩瞑给齐闵王的信和游说辞，两部分各自按时间早晚排列。其次，两部分之间不仅在内容上相互联系，而且在时间上相互照应，体现了帛书所涉及事件的发展脉络。据王泽文的考证[16]，这十四章的顺序是：（1）帛书第一、二、三章以及帛书第八、十、一一、一二章为苏秦在赵国时分别给燕王、齐王的书信；（2）帛书第九、一三章分别是帛书第八和一二章的补充材料，前者当赧王二十三年（前 292 年），后者当赧王二十八年初（前 287 年）；（3）帛书第四章是苏秦由赵返齐后给燕王的书信；（4）帛书第五章为苏秦自齐返燕后向燕王面陈之辞；（5）帛书第六、七章

以及帛书第一四章是苏秦到魏国后分别给燕王、齐王发出的书
信。

至于帛书《战国纵横家书》的成书时代或汇编时代，学术
界争论不大。马雍在《帛书〈别本战国策〉各篇的年代和历史
背景》一文中，对帛书二十七章所反映的历史背景和具体年代
进行了逐章的分析，最后得出结论说：这部帛书的内容绝大部
分是属于战国后期的史料，大体上相当于齐湣王称帝到齐湣王
亡国这一阶段。对帛书的汇编时代，杨宽在《马王堆帛书〈战
国策〉的史料价值》一文中认为"这部帛书的编成年代，当在
秦汉之际"。唐兰则言"此书之编集在始皇二十二年以后，但
总还是秦代编集的"，理由是有些材料"在秦以后就不易搜集
了"。总之，把本件帛书定为秦汉之际编成的纵横家之言，应
该没有什么异议。

帛书《战国纵横家书》与《战国策》之间的关系，是许多
学者一直探讨的问题。前面已经提到，在对这件帛书进行了初
步研究之后，学者们就已有不同的看法，一种认为它们可能是
《汉书·艺文志》纵横家中的《苏子》；另一种意见认为把它看
作《战国策》的前身比较恰当。许多学者都注意到刘向《战国
策书叙》所言："所校中《战国策》书，中书余卷，错乱相糅
苣。又有国别者八篇，少不足。臣向因国别者，略以时次之，
分别不以序者以相补，除复重，得三十二篇。""中书本号，或
曰《国策》，或曰《国事》，或曰《短长》，或曰《事语》，或曰
《长书》，或曰《修书》。臣向以为战国时游士辅所用之国，为
之策谋，宜为《战国策》。"李学勤等据此指出，帛书《战国纵
横家书》"应为其中一种，只能算今本的一部分"，"就其性质
而言，仍然属于《战国策》"[17]。王泽文则进一步提出，"刘向

所写传本，在后世的流传过程中曾有过散乱、残脱和再整理，与今本在有些篇章的分属和文字上或有出入。但是，其体例上最重要的一点，即整体上将各种说辞分系于不同国别，古今应当没有太大的变化。据此，再重新审视这二十七章帛书的篇章结构，便会有进一步的认识"。王氏指出，帛书前十四章"其中有两章见于今本《战国策》，即帛书四和帛书五，均系于《燕策》，我们今天若尝试依帛书的内容和体例定其余各章的国别归属，则一、二、三、六、七章应入《燕策》，八至十四章入《齐策》。如果这种判定可以接受，那么就表明，这组帛书是将十四章严格按照燕、齐两国而划分开的（当然，前后各有七章也许属巧合）。这十四章既有共同的主题，有一个中心人物贯穿始终，而且编排体例也有一定之规，先分国别，再大致依时间先后编辑；此外，行文也较质朴，近于实录"。而第二组帛书从篇章结构上看，"这五章中，有四章见于今本《战国策》，帛书十五、十六属《魏策》，帛书十八属《赵策》，帛书十九属《秦策》。这四章之间的国别排列也是有序的，尤其同属《魏策》的十五、十六两章紧密相连，应当注意"。帛书十七章不见于传世文献，但如据其内容判定帛书十七章的国别归属，可能入《魏策》较为合理。"如果这一判断成立，就会发现，第二组帛书依国别排列得相当整齐，其篇章结构也有体例可寻。还有一点也应提到，即从国别的归系来看，第一组和第二组两部分是没有重合的"。第三组目前很难找出其编排的原则，但"同前两组相比，从国别的角度看，多出了可入楚、韩的内容。但仅此目前尚不足以得出更多的结论"。因此王氏总结说："这样看来，帛书《战国纵横家书》二十七章，本身在结构上就存在三种表现形式。"作者还进一步指出："帛书出土

于古长沙国，非中央政府所藏，足见其时有大量的类似材料在
流传过程中，收集者或使用者依不同的目的和方式，已经进行
过多次整理了。这或许有助于我们理解和研究《战国策》一书
的形成过程。通过帛书三部分的复杂构成，再结合上引书叙，
可以想见，刘向当时所面对的大量材料的原始形态的多样性，
而且更可以体会到，当日刘氏整理、纂辑文献的难度之大。"
应该说，王泽文的这些讨论对于我们进一步研究帛书《战国纵
横家书》是很有启发意义的。

至于帛书《战国纵横家书》的史料价值，学者们已经进行
了大量阐述，特别是运用帛书《战国纵横家书》的第一手材料
重新探讨苏秦事迹，更是学者们关注的焦点。唐兰曾总结说：
"帛书《战国纵横家书》的重要历史价值，正在于它保存了已
被埋没两千多年的真实可信的关于苏秦的书信和谈话十四章，
既可以纠正有关苏秦历史的许多根本性错误，又可以校正和补
充这一段战国时代的历史记载"[18]。此外，帛书《战国纵横家
书》还为有关历史文献的校勘训诂提供了众多的材料，如裘锡
圭在《"触詟说赵太后"章中的错字》（《文史》第15辑）一
文中曾据帛书材料校正《战国策·赵策四》中的错误，他的另
一篇文章《读〈战国纵横家书释文注释〉札记》（《文史》第
36辑）则对帛书《战国纵横家书》的释文和注释进行了商榷
和补充。

4. 帛画《丧服图》研究

《丧服图》的材料迟至1992年才由《马王堆汉墓文物》一
书刊布，近十年来，仅见有曹学群的《马王堆汉墓"丧服图"
简论》（《湖南考古辑刊》第6期）一文对这件帛画进行过讨
论。该文对帛画的内容、文字进行了较详细的描述和考释，并

参照明清家谱复原了《丧服图》的亲属关系网络图，认为这是一幅墓主生前五服之内的父党系亲属关系网络图。它的出土，填补了汉初丧服礼制记载的空白，是研究秦汉之际丧服礼制的宝贵资料。

这篇文章虽然是目前所见研究《丧服图》的唯一一篇论文，且文中有些说法，诸如华盖的功用等问题还可继续讨论，但正如学者们所评论的那样，它"为帛图的正确描述和复原所作的工作，对《丧服图》的进一步研究打下了很好的基础"[19]。

（二）诸子类帛书

1. 帛书《老子》研究

帛书《老子》甲、乙本材料公布后，立即在学术界引起热烈讨论。

帛书《老子》甲、乙本最引人注目的现象就是其顺序为《德经》在前，《道经》在后，这与传世《老子》的《道经》在前、《德经》在后完全不同。对于帛书《老子》的这一现象，学者们进行了很多讨论，大致而言，主要有以下三种观点：

第一，认为古本《老子》的次序应是先《德经》，后《道经》，这一看法最早由张政烺在《座谈长沙马王堆汉墓帛书》的发言中提出[20]。张政烺还认为，传世的材料也可以说明这一点，不过久不为人注意而已。如《韩非子》的《解老》、《喻老》两篇，都是先"德"后"道"。西汉严遵的《道德真经指归》，开卷就是《德经》的"上德不德"篇。由于此书的《道经》部分已经佚失，有的版本称所存的《德经》部分是全书的后半部，但是该书序文《说目》言全书的篇数是"七十有二首"，"上经四十"，"下经三十有二"，"阳道奇，阴道偶，故上经先而下经后"。这已经说明了把《德经》四十篇放在前面的理由。张政烺的这一看法得到不少学者的支持，有学者甚至还认为今本《道经》在前、《德经》在后的次序直到唐玄宗时才正式固定下来[21]。

第二，认为古本《老子》有两种次序，一种是《道经》在前，《德经》在后；一种是《德经》在前，《道经》在后。持这种观点的代表人物是高亨和池曦朝，他们合撰的《试谈马王堆汉墓中的帛书老子》一文说："帛书《老子》甲、乙两本都是《德经》在前，《道经》在后，《德经》是上篇，《道经》是下篇。这种编次是不是《老子》原书的编次？这一点，我们现在还无法论定。不过，从先秦古籍的有关记载来看，《老子》传本在战国期间可能就已有两种：一种是《道经》在前，《德经》在后，这当是道家传本。《老子》本书论述道德，总是把道摆在第一位，把德摆在第二位；《庄子》论述道德，也是把'道'摆在第一位，把'德'摆在第二位（例子很多，从略），便是明证。另一种是《德经》在前，《道经》在后，这当是法家传本。《韩非子·解老》首先解《德经》第一章，解《道经》第一章的文字放在全篇的后部，便是明证。大概是道、法两家对于《老子》书各有所偏重。"但此文发表不久，邱锡昉即发表了《〈老子〉在战国时可能只有一种道家传本》一文，对高、池二氏认为《老子》在战国时期可能有两种传本的说法提出了异议[22]。

第三，认为《老子》应是《道经》在前，《德经》在后，帛书本的次序应属后起。如饶宗颐言："按《老子》本书，如下篇屡言：'道生之，德畜之。'无不先道而后德。韩非《解老》，非论列全经，其先解《德经》首章，自是随手摘举，不足援之以证《老子》全书之必先德而后道也。或云以德列前，盖法家之《老子》本子如此（高亨说），不悟法家正本道以立法之体，故韩非书有《主道》、《守道》等篇，而不闻作《主德》、《守德》。……法由道而生，法家不特不贬道，而实尊道。法家之解老，自宜以道为先，岂有反以德居前之理？故知《马王堆老子》本之先德后道，殆写经者偶然之例，若持此以论法家本旨，弥见其龃龉而已。"（《书〈马王堆老子写本〉后》，《道家文化研究》第三辑）李学勤在《严遵〈指归〉考辨》一文中，则对论者以为严遵《指归》一书先德经后道经的观点进行了辨析。李学勤指出，这种看法"一个很明显的问题是，自《指归》见于著录，不知多少人亲见全书，却没有任何记载讲到《指归》是《德经》在前。《老子》从来称'道德'，《史记》本传便说：'于是老子乃著书上下篇，言道德之意五千余言而去'，《指归》若以'德道'为序，何等奇异，怎么会无人提到呢"？他还进一步指出，从思想考察，《指归》书中的《说目》、《总序》可能皆是后人所作，未必出自严遵之手[23]。这样，有些学者所说的"《道德指归》二经的排列法也是《德经》居上，《道经》处下，与帛书《老子》相合"[24]的观点自然也就失去了依据。

利用帛书本《老子》的内容与今本《老子》进行对比研究，也是很多学者都非常留意的一项工作。张松如曾以《老子校读》为题，采用帛书《老子》的资料，对《老子》重新加以校勘[25]。高明曾以《帛书〈老子〉甲乙本与今本〈老子〉勘校札记》为题，将各种传世《老子》版本与帛书进行对勘。郑良树曾指出，帛书《老子》的出土，影响最大的还是有关《老子》的训诂、句读，并分别以"今本《老子》有衍文"、"今本《老子》有夺文"、"今本《老子》有错字"、"今本《老子》句读有误"、"帛书可澄清被误解之文字"、"帛书可解决聚讼多时的文字"等六方面加以阐述。许抗生著有《帛书老子注释与研究》，等等。1996 年中华书局出版了高明的《帛书老子校注》，有学者评价说："这是帛书《老子》研究二十多年来的一部总结性的集大成的著作，其引证材料之丰富、注解之准确，都是其他著述所无法比拟的。"[26]

关于帛书《老子》的研究著述还有很多，陈广忠在《复旦大学学报》上发表了《帛书〈老子〉的用韵问题》。从音韵学角度对帛书《老子》进行了研究。尹振环多年潜心研究帛书《老子》，著述宏富。严灵峰、徐复观、饶宗颐、刘殿爵等人都对帛书《老子》进行了很多研究。

海外的汉学家们也对帛书《老子》进行过不少研究。如日本学者金谷治、波多野太郎及美国学者韩禄伯等人都有研究成果面世，韩禄伯还将帛书《老子》译成了英文。

1993 年，湖北荆门郭店 2 号墓出土了战国时期的竹简本《老子》，其材料业已公布，已有不少学者将之与帛书《老子》进行了对比研究。

2. 帛书《黄帝书》研究

在马王堆出土的众多帛书中，写在《老子》乙本前的四篇古佚书《经法》、《经》、《称》、《道原》四篇，自整理发表之后一直是学术界关注的一个焦点。近三十年来，学者们对于它们的研究兴趣始终不衰，成果斐然。以下我们分几个方面对学者们的研究成果加以综述。

第一，对帛书《黄帝书》的性质和篇名的研究。帛书材料出土后，参加马王堆帛书整理小组工作的唐兰在《座谈长沙马王堆汉墓帛书》的发言中指出，《老子》乙种本前面的这四篇古佚书就是《汉书·艺文志》道家类的《黄帝四经》。后来，唐兰又发表了《〈黄帝四经〉初探》、《马王堆出土〈老子〉乙本卷前古佚书的研究》两篇文章，进一步发挥和阐述了他的根据和理由：（1）从内容上看，《经法》等四篇古佚书是一本书。从思想方法上说，大体上是继承老子而加以发挥的。这四篇佚书在思想体系上是一贯的，虽然它们体裁各别，但互为联系，成为一个整体，尤其是第二篇用很大篇幅来叙述关于黄帝的神话故事，说明这本书应该是黄帝之言。它一共四篇，也和《黄帝四经》符合。（2）从抄写时代和历史背景来看，这本书是在文帝初期抄写的。文帝崇尚黄老，因此，《老子》乙本卷前的四篇有关黄帝之言，显然只有《黄帝四经》才能当之。《老子》当时已称为经，所以《黄帝四经》也称为经。不能想像在黄老盛行的时代，所抄的《老子》前面会冠以别的不相干的书。（3）从传授源流来看，这本书也应该是《黄帝四经》。战国中晚期的很多法家著作如《申子》、《慎子》、《管子》、《鹖冠子》、《韩非子》以及《国语·越语》等对此书都有引用。此书是战国中期以后流传的黄帝之言，《汉书·艺文志》道家三十七种书中有关黄帝的书共五种：《黄帝四经》四篇，《黄帝铭》六篇，《黄帝君臣》十篇，《杂黄帝》五十八篇，《力牧》二十二篇。其中称为经的只有《黄帝四经》，而帛书的《经法》和《十大经》两篇就称为经，《称》和《道原》两篇也正是经的体裁。而且这些黄帝书中只有《黄帝四经》是四篇，从篇数说，与帛书四篇也正相符合。另外，《隋书·经籍志》的《道德部》又说:"汉时诸子道书之流有三十七家,……其黄帝四篇,老子二篇,最得深旨。"这里所说的《黄帝》四篇,显然指《黄帝四经》。可见黄帝老子之言,是《黄帝》四篇、《老子》二篇。帛书四篇与《老子》抄在一起,正是黄老合卷的证明。应该说,唐兰的这些论证和理由是很有道理的,因此许多学者都采纳了唐兰的说法[27],直接称这四篇佚书为《黄帝四经》。一些学者还进一步论证和发挥了唐兰的观点[28]。

裘锡圭不赞同唐兰的说法,他在《座谈长沙马王堆汉墓帛书》的发言中说:"这四篇书,内容有一定联系,至于它们本来是不是一部完整的著作,我觉得还不能断定。"后来他发表了《马王堆〈老子〉甲乙本卷前后佚书与"道法家"》(《中国哲学》第二辑)、《马王堆帛书〈老子〉乙本卷前古佚书并非〈黄帝四经〉》(《道家文化研究》第三辑)等文,指出,从形式上看,这四篇佚书体裁不同,篇幅长短悬殊;第二篇屡次提到黄帝,其他三篇一次不提,原来不像是一部书,更不像与《老子》齐名的《黄帝四经》。而且从内容来看,这四篇佚书的性质,是吸收了阴阳、儒、墨、名、法等家的驳杂的道家思想著作,反映出很强的积极进取精神。这同与《老子》一样主张"去健羡、处冲虚"(《隋书·经籍志》语)的《黄帝四经》显然没有关系。另外,古书中也有不少地方引用黄帝之言,这些引文绝大部分合乎"去健羡、处冲虚"之旨,应该有一部分是出自《黄帝四经》这样一部重要著作的,但是这些引文在四篇佚书中却一条也没有出现。这些证据都可证明四篇佚书并非是《黄帝四经》。因此,裘锡圭建议仍称这四篇佚书为"马王堆《老子》乙本卷前佚书"或"《经法》等四篇"。

罗福颐认为帛书的第二篇应是《汉书·艺文志》所谓的

《力牧》篇，其理由是，第二篇的全文都是黄帝与力黑、大山稽等的谈话。力黑就是力牧。《汉书·艺文志》"兵家、阴阳类"中有《力牧》十五篇，第二篇帛书也是黄帝、阴阳家言，其文辞内容又分为十五个小题，多半是久已失传的《力牧》篇。

高亨等人则认为帛书的第二篇是《黄帝君臣》，其根据是《汉书·艺文志》道家一类有"《黄帝君臣》十篇"，而帛书题名《十大经》，当然也是十篇，篇数相合。帛书《十大经》分为十四篇，大概是传抄者追题篇名时弄错了。此外，《黄帝君臣》的题名，也与帛书记黄帝君臣的言行相合[29]。

董英哲也反对唐兰的观点，提出这四篇佚书应是田骈的遗著《田子》二十五篇。他在《〈经法〉等佚书是田骈的遗著》一文中，认为这四篇帛书当出于齐国稷下的黄老学派之手。战国时期盛行的黄老之学事实上是培植于齐发育于齐而昌盛于齐的，而在稷下学宫中，黄老之学实占优势。《汉书·艺文志》载有田骈的《田子》二十五篇，与帛书的篇数相合（董氏言《经法》九篇，《十六经》十四篇，《称》、《道原》各一篇，合为二十五篇），而帛书言"道生法"，也与田骈的"尚法"思想一致。这说明《经法》等篇确系田骈遗著。

钟肇鹏在《黄老帛书的哲学思想》一文中认为：经中托为黄帝同力黑、果童等人的问答，显然是"黄帝之学"，而把这"黄帝之学"同《老子》抄在一起，正是黄老合卷的证明。因此，该文称之为《黄老帛书》。这一观点也为一些学者所采纳。

李学勤则同意唐兰的看法，他在《马王堆帛书与〈鹖冠子〉》[30]一文中再次强调了唐兰提出的几条证据是很有说服力的，不过李学勤许多有关帛书的研究著述，并不使用《黄帝四经》的命名，而是称为"帛书《黄帝书》"，说明他在使用名称时是很谨慎的。

陈鼓应认为《经法》等四篇是《汉书·艺文志》所记载的《黄帝四经》，但他认为"汉代人称其为《黄帝四经》是否恰当，仍然是一个值得讨论的问题。从历史上来看，黄帝只是一个传说中的人物，其事迹多为附加，而且在较早的记载中，黄帝的传说多和战争有关……《十大经》之依托黄帝，当与其主张通过战争来统一天下有关。但是，在《经法》等四篇中，这仅是部分内容。从哲学理论来看，它们基本上是从老子（及范蠡）出发，以老子思想为基础的，文中虽未标明是直接引用于《老子》，但是整个四篇都可看出是已经融化了的《老子》。这种依托黄帝，而又以老子思想为基础的作品，正是汉代人所说的黄老之言。从这点来看，称《经法》等四篇为《黄老帛书》可能最为恰当"[31]。

对于学者们的许多讨论，刘翔曾在 1986 年出版的《中国文化与中国哲学》发表了《马王堆汉墓帛书"黄帝书"研究评述》一文。该文总结了当时的各家观点，同时也指出，学者们关于帛书"黄帝书"的命名，都还尚有论证不足之嫌，需要进一步加以讨论。转眼间十多年又过去了，但对于帛书《黄帝书》的书名，学者至今仍各执一说，或称为《黄帝四经》，或称为《黄老帛书》，意见尚不统一。由此可见，要给这四篇帛书确定一个确切的名称，并不是一件很容易的事，我们觉得由于书缺有间，如果要硬把此书与《汉书·艺文志》所载的某一本书等同起来，短期内恐怕很难有一致认识，不妨按李学勤或裴锡圭所说的那样，直接称这四篇帛书为《黄帝书》或《马王堆〈老子〉乙本卷前佚书》，或许更为妥当。本书即称其为帛书《黄帝书》。

近些年在研究帛书《黄帝书》的篇名方面，李学勤做出了很大贡献。他正确地指出帛书第二篇名称是《经》而非《十大经》，"十大"是本篇帛书最后一章的名称，意为十句重要的话，所论十分精当，我们在前面已作过介绍，这里不再重复。

第二，帛书《黄帝书》的成书年代和作者地望。这也是学术界争论较大的问题。帛书《黄帝书》的字体与乙本《老子》及《五星占》等材料非常一致，应当出自一人之手，而《五星占》有汉文帝三年的纪年，因此帛书《黄帝书》抄写于汉文帝初年的观点已经被大家所接受。但这件帛书究竟什么时候写成，学者们的意见还存在很大的分歧，概括起来主要有六种说法：（1）战国前期之末到中期之初，即公元前4世纪前后。唐兰主张此说，并提出两点证据。一是"本于黄老而主刑名"的申不害，曾做过韩昭侯之相，则其所本"黄老之言"至晚在公元前4世纪初已出现。又黄老之言是承《老子》而发展，《老子》书可能是杨朱所传。杨朱在孟子前墨子后。如此，帛书写作上限不超过杨朱时代，下限不晚于申不害时代。二是战国中晚期的《慎子》、《韩非子》、《管子》、《鹖冠子》、《国语·越语》等材料都大量引用这件帛书，也可证其为公元前4世纪初的作品。陈鼓应也认为帛书《黄帝书》"成书的年代相当早，应在战国中期之前"、"至迟作成于战国中期"[32]，与唐兰的观点大致相似[33]。李学勤发表了多篇有关帛书《黄帝书》的论文[34]，也主张帛书《黄帝书》的成书年代不迟于战国中期[35]。（2）战国中期末。主张此说者有魏启鹏、董英哲等。魏启鹏认为这四篇思想体系虽一致，但不是一本书，也不是一时一地一人之作，而是由齐国稷下学者整理汇编而成；董英哲则认为是田骈的作品。(3)战国末期。钟肇鹏、葛荣晋等都认为帛书的写作年代当在《老子》之后、《韩非子》之前，是战国末年的作品。(4)笼统地视为战国时期的作品。如高亨言："两次出现'黔首'一词，其著作年代当在战国时期。"裘锡圭亦言："著作时代跟抄写时代无疑会有一段距离，所以它们大概都是战国时代的作品。"(5)西汉初年。康立主张此说。认为帛书是汉初黄老思想盛行的产物。(6)战国末期或汉代初期。此说是1980年出版的《马王堆汉墓帛书·壹》的出版说明提出来的，代表了整理者的意见。

至于对《黄帝书》作者的考定，也是学术界比较关注的问题。唐兰认为这部书是法家著作，并由此推定是郑国隐者所作。而主张帛书《黄帝书》是齐国稷下学派学者所作的一些学者自然认为是齐人所作[36]。龙晦在《马王堆出土〈老子〉乙本前古佚书探原》一文中也反对唐说，认为该书的"作者必是楚人"，龙晦在文中首先列举帛书中的楚言、楚谚来证明其作者为楚人；其次他将帛书中的一些语句与《管子》、《国语·越语》、《淮南子》诸书进行比较，而后者的作者都是江淮楚地之人；最后龙晦从帛书《黄帝书》与《淮南子》的押韵情况来论证《黄帝书》的楚方言特点，从而说明其作者确为楚人。龙晦的这个看法得到李学勤的肯定，李学勤在他的一些文章里也认为帛书《黄帝书》是楚人的作品。他还进一步指出，汉初的长沙原为楚文化中心，马王堆帛书凡能推定作者地望的，大都是楚人的著作，《史记》记载《老子》的作者就是楚苦县人。马王堆帛书有两种抄本《老子》和《黄帝书》，也说明战国至汉初流行的黄老之学，其根源实在楚国。帛书《黄帝书》中的文字很多类同于《越语》、《淮南子》，显然是长江流域思想文化的结晶。此外，《黄帝书》还有很多语句与《鹖冠子》相类似。
鹖冠子是楚国的道家学者，这个学派以黄老刑名为本，又重视
阴阳数术、兵家等学，这与帛书《黄帝书》作为整体所反映的
思想倾向是一致的。龙晦与李学勤的这些论点互为补充，很有
说服力，受到学术界的重视。

除了上述这些看法之外，魏启鹏和王博则主张帛书的作者
是越国人。如王博在《论〈黄帝四经〉产生的地域》一文中指
出，帛书《黄帝书》与范蠡和孙武的思想十分密切，吴越一带
本有依托黄帝的传统。另外，从帛书《黄帝书》所使用的方言
和出现的地名来看，作者应生活于淮南地区，而这一地区在战
国早中期属于越国，因此，帛书《黄帝书》的作者应是越人。

至于帛书《黄帝书》的作者是一人还是多人，一般以为本
篇帛书像先秦诸子的作品一样，多非一人一时之作。但有的学
者则从《黄帝书》四篇思想的一贯性、整体的一致性和一些特
殊概念、语句的复出互见等方面推论，帛书《黄帝书》四篇乃
是一人一时之作[37]。

第三，帛书《黄帝书》的思想内容。对帛书《黄帝书》思
想内容的分析，大陆学者有一个认识的转变过程。帛书《黄帝
书》的整理和研究工作肇始于"文化大革命"时期，由于受政
治上"批儒评法"运动的影响，学者们多视帛书《黄帝书》为
法家著作。如唐兰在其论文中提出了帛书《黄帝书》属于法家
学派的看法，他认为帛书所讲的"道"，应理解为事物的客观
规律，帛书提出的"道生法"，法是根据事物客观规律制定的。
讲道法，主刑名，实际是把"法"放在第一位。贯穿全书的
"刑名"说，是法家的主要论点。《称》说"审其名以称断之"，
讲"平衡"，以法来知曲直，则是法家的方法论。因此，他认

为帛书《黄帝书》是运用老子的思想方法来阐明法家思想的一部书。这种视帛书为法家著作的观点在当时颇为盛行。

粉碎"四人帮"以后，思想禁区得以解放，学者们的研究工作开始深化，许多学者纷纷发表文章，指出帛书《黄帝书》的思想正是属于司马谈所论的"因阴阳之大顺，采儒墨之善，撮名法之要"的道家黄老学派[38]，帛书《黄帝书》的出土，使人们对黄老思想发展的脉络与规模有了一个更深入的了解。学者们多从研究黄老道家的角度来认识帛书《黄帝书》，除了众多论文外，吴光的《黄老之学通论》、余明光的《黄帝四经与黄老思想》等专著亦得以出版。学者们大多认为，在道家系统中，老子的思想发展到战国时代形成了两个主要学派，即黄老之学和庄学，两者都继承了老子的道论，但又有不同的发展。就黄老之学来说，它讲"道生法"，使老子的道论向着更积极的方向发展，引出了一系列社会政治准则；而庄学则把道演化为一种人生境界[39]。许多学者还对帛书《黄帝书》中"道"的思想、"无为"的思想、"气"的思想内涵进行了详细的讨论[40]。

在帛书《黄帝书》的研究方面，李学勤发表了众多论文，其观点深受学术界瞩目。李学勤指出，司马谈论阴阳、儒、墨、法、名五家合于道家的观点，在帛书文中可以找到，这并非偶然，而是由其黄老之学本身特点所决定的。《经·观》言"圣人不巧，时反是守"和"当断不断，反受其乱"两句话，都被《史记》所引用，而且是当作"道家之言"来征引的。可见古人观念中的黄老之学从来属于道家，不能由于其他学派曾接受吸收黄老思想因素而改变黄老学派的属性。李学勤进一步指出，《老子》的作者和帛书的作者都是南方楚人，马王堆3

号汉墓的墓主将《老子》两种抄本和"黄帝书"随葬,表明他是黄老一派道家,也说明战国至汉初黄老之学,实产生于楚国。帛书《黄帝书》与《鹖冠子》、《淮南子》等南方的作品,都是长沙流域楚文化的结晶。这就把帛书《黄帝书》的探讨与楚文化研究联系起来,受到学者们的重视。

学者们讨论帛书《黄帝书》的思想时,多集中在对《经法》、《经》两篇帛书的讨论上,对于《称》和《道原》,相对而言关注较少。李学勤为此又写了《〈称〉篇与〈周祝〉》(《道家文化研究》第三辑)、《帛书〈道原〉研究》(《马王堆汉墓研究文集》)等文,对这两篇帛书进行了深入的研究。如将《称》篇与《逸周书·周祝》篇加以对比研究,指出两者的体裁相似,都是一种格言的汇篇,祝是专掌文辞的,他们在工作之中,积累辑集一些格言谚语,正是其职业的需要。祝史又彼此相通,故《老子》和《称》格言体裁的特点实对道家出于史官之说有所印证。这些论述都很能发人深思。

对于帛书《黄帝书》中所蕴涵的军事思想和法律思想等,也有学者进行了讨论[41]。

帛书《黄帝书》也受到海外学者的高度重视,日本学者金谷治、加拿大学者叶山(Bobin D. G. Yates)等人都有研究帛书《黄帝书》的著述。

总起来说,虽然目前对于帛书《黄帝书》方方面面的认识还存在许多分歧,但对帛书《黄帝书》在学术思想史上的地位都予以了充分肯定。加拿大学者叶山曾总结说:"学术界似乎一致肯定古佚书为早年失传的道家黄老派的代表作。道家曾在西汉早期宫廷中占主导地位,后于汉武帝时期被儒家取代。因此,古佚书的发现填补了我们对中国早期思想史认识的空白。

古佚书是极其宝贵的、具有世界性意义的文献。"[42]这一评价
是比较客观公允的。

3. 帛书《五行》研究

帛书《五行》抄于《老子》甲本之后，是马王堆汉墓帛书
中一篇著名的儒家经典。早在 1974 年，韩仲民在《长沙马王
堆汉墓帛书概述》一文中就已介绍说，该篇帛书"内容是宣扬
儒家唯心主义思想的，文体与《大学》相近，鼓吹'慎独'，
主张'性善'，词句中也套用《孟子》的话，可见作者是子思、
孟轲学派的门徒"。帛书材料正式公布后，马上引起了学术界
的高度重视。庞朴先后发表了《马王堆帛书解开了思孟五行说
之谜》（《文物》1977 年第 10 期）、《帛书〈五行〉篇校注》
（《中华文史论丛》1979 年第 4 辑）、《思孟五行新考》（《文史》
第 7 辑）、《帛书五行篇研究》（齐鲁书社 1980 年版）和《〈五
行篇〉评述》（《文史哲》1988 年第 1 期）等文章和论著。这
些文章和论著除了对帛书《五行》加以校释外，还对帛书《五
行》篇进行了系统研究。庞朴指出，整篇帛书可以分为"经"
和"说"两部分，"说"的部分是对"经"的部分所提出的若
干命题和基本原理加以解说。庞朴还对这篇帛书所蕴涵的丰富
思想进行了探讨，并通过对比指出，《中庸》的"唯天下至圣"
一段已经蕴涵了"五行"的观点，帛书"闻君子道"一段的
"八德"与《庄子·在宥》一段是对立的，从而将本篇帛书与
《中庸》等书联系起来。庞朴经过分析认为，帛书中的"五行"
正是《荀子·非十二子》中猛烈抨击的"子思、孟轲"的五行
学说，帛书最重要的意义即在于它给几千年来没有答案的子
思、孟子五行说之谜提供了答案。这个五行，不是后人猜测已
久的金木水火土，也不是仁义礼智信，而是仁义礼智圣。

魏启鹏也对帛书《五行》篇进行过研究，并发表了《思孟五行说的再思考》(《四川大学学报》1988 年第 4 期)。该文认为，思孟的以"仁义礼智圣"五者为德行，系"案往旧造说"，其借鉴和发行了原始数术观念中的"五声昭和"说，但并不是简单地向原始数术观念拜倒，而是以"礼乐生于仁义"的新观点对西周思想文化遗产予以继承和改造。此外，魏启鹏还撰有《马王堆汉墓帛书〈德行〉校释》(巴蜀书社 1991 年版)一书。该书除对帛书全文加以校释外，还把帛书《五行》(魏启鹏称为《德行》)置于思孟学派发展的轨迹上加以全面考察，受到学术界的好评。李学勤曾评论说，这部书的优点，"在于能比较全面地把握帛书基本思想，指出其在儒学思想史上所居的位置。这不仅对于帛书研究，对整个古代儒学的探索也是一个贡献"(《对古代学术史的重新思考——读魏启鹏〈马王堆帛书汉墓帛书德行校释〉》，《中国史研究》1991 年第 1 期)。

李学勤对帛书《五行》也进行过许多研究，写有《帛书〈五行〉与〈尚书·洪范〉》(《学术月刊》1986 年第 11 期)、《马王堆帛书〈五行〉的再认识》(《中国古代思维模式与阴阳五行说探源》，江苏古籍出版社 1998 年版)、《从简帛佚籍〈五行〉谈到〈大学〉》(《孔子研究》1998 年第 3 期)等文。李学勤不同意一些学者认为思孟所言"五行"仁义礼智圣和传统所说的"五行"金木水火土无关的看法，指出，这篇佚书所反映的未必是思孟"五行"说的全部，因为如果思孟的"五行"仅是五种德行，而与金木水火土无关，就不会引起荀子的激烈反对，因为这种思想和荀子的学说没有明显的矛盾。子思创其五行说，所依据的思想资料应是《尚书·洪范》。《洪范》有五行、五事，帛书《五行》中的"圣"，尤为远本《洪范》的确证。

《洪范》与古代数术传统有密切关系，其论卜筮等项，很可能是继承了商代的统治思想，有浓厚的神秘色彩。子思加以推衍，遂将神秘理论导入儒家学说，为数术与儒学的融合开了先河。帛书《五行》有经有传，与《大学》的体裁也是完全一致的。帛书《五行》的传文应系世子或其门人所作，而经文部分则很可能是子思的作品。帛书《五行》的出现，使宋儒追慕崇尚的思孟一派儒学的流传线索凸显出来。

1993 年，在湖北荆门郭店 1 号墓出土了一批竹简，其中有战国时期的楚简《五行》。在很短的期间内两次发现这一佚书，不仅是考古学史上的美谈，也说明《五行》在当时的流行。郭店简《五行》业已出版[43]，已有不少学者将简本《五行》与帛书《五行》进行了对比研究[44]，取得了许多新的研究成果。

海外的许多学者也一直在从事对帛书《五行》篇的研究，日本学者池田知久曾于 1993 年出版了《马王堆汉墓帛书五行篇研究》一书，对帛书《五行》篇进行了系统研究，另有多篇论文面世；影山辉国、浅野裕一等学者也撰有这方面的研究论文。

（三）兵书类帛书

帛书《刑德》共分甲、乙、丙三篇，其中的甲、乙两篇较为完整，内容亦基本一致，丙篇则因残泐太甚，有学者认为已经无法复原[45]。1992 年出版的《马王堆汉墓文物》一书公布了《刑德》乙篇的图版和释文。该书出版后，学者们随即对《刑德》乙篇进行了热烈讨论，目前已经发表的相关文章主要有：

（1）饶宗颐《马王堆〈刑德〉乙本九宫图诸神释——兼论出土文献中的颛顼与摄提》（《简帛研究》第一辑，法律出版社1993年版）。

（2）陈松长《帛书〈刑德〉略说》（《简帛研究》第一辑，法律出版社1993年版）。

（3）马克·卡林诺夫斯基《马王堆帛书〈刑德〉试探》（《华学》第一辑，中山大学出版社1995年版）。

（4）刘乐贤《马王堆汉墓星占书初探》（《华学》第一辑，中山大学出版社1995年版）。

（5）李学勤《马王堆帛书〈刑德〉中的军吏》（《简帛研究》第二辑，法律出版社1996年版）。

（6）陈松长《帛书〈刑德〉乙篇释文校读》（《湖南省博物馆四十周年纪念文集》，湖南教育出版社1996年版）。

（7）陈松长《帛书〈刑德〉乙篇释文订补》（《简牍研究》第二辑，法律出版社1996年版）。

（8）李零《读几种出土发现的选择类古书》（《简帛研究》第三辑，广西教育出版社1998年版）。

（9）施谢捷《简帛文字考释札记》（《简帛研究》第三辑，广西教育出版社1998年版）。

（10）陈松长《帛书〈刑德〉丙篇试探》（《简帛研究》第三辑，广西教育出版社1998年版）。

（11）刘国忠《马王堆帛书〈刑德〉乙篇再探》（"第二届中国古典文学国际研讨会——纪念闻一多先生百周年诞辰"论文，1999年）。

（12）陈松长《马王堆帛书〈刑德〉甲、乙本的比较研究》

（《文物》2000年第3期）。

上述这些文章主要围绕以下几方面的问题进行讨论。

首先是对文字的释读。帛书《刑德》是失传已久的珍贵文献，没有传世之本可供印证，加上内容晦涩难懂，理解起来有很大的困难。《马王堆汉墓文物》一书已经做了很多工作，但也还存在不少错误之处。有鉴于此，学者们进行了不少精心的订误工作，马克、刘乐贤文及陈松长文在这些方面都提出了很好的见解。马克的论文主要集中讨论了《刑德》乙篇第1行至第13行的文字，刘乐贤的论文则对第62行至96行的文字进行了重新解释和断句，后来陈松长在马克文和刘乐贤文的基础上又对《马王堆汉墓文物》所收帛书的释文重新订补，施谢捷的文章也对《刑德》乙篇的两处释文进行了讨论。经过这些学者对释文的重新梳理，《刑德》乙篇的不少文字和断句问题已得到解决。

其次是对全篇帛书的结构分析，帛书《刑德》乙篇的情况，根据照片及陈松长的介绍，可知整篇帛长84厘米、宽44厘米，主要由三部分组成：第一部分是位于帛书右上部的"刑德九宫图"；第二部分是与"九宫图"并列，位于其左的刑德运行干支表；第三部分则是文字，其内容是关于刑德运行规律（1～61行）和一些星占内容的文献（62～96行）。对于两部分文字之间的关系，学者们的观点还不太一致。陈松长认为这两部分文字应是一个整体，属于同一篇帛书，但刘乐贤等学者则认为第62行至96行的文字"所述似与刑德无关，而与星占文献相近"，并将之命名为"星占书"。

第三是对帛书内容的研究。马克最早根据《刑德》乙篇探讨刑德的运行规律，他将帛书《刑德》与传世的《尉缭子》、

《淮南子·兵略》等篇的论述相对照，指出，帛书《刑德》乙篇
所讲的刑德是兵家用以判断战争胜负的一个重要手段。帛书
《刑德》中刑德的移动可以分为两种，即刑德大游和刑德小游。
他还进一步对刑德的这两种移动规律加以总结。刘乐贤对《刑
德》篇中有关星占的内容多有讨论，他引用《开元占经》、《史
记·天官书》等典籍，对帛书中的许多内容进行了疏证。陈松
长则将《刑德》甲篇与《刑德》乙篇的内容进行了比较研究，
颇有收获。

至于帛书《刑德》丙篇，陈松长在《简帛研究》第三辑中
发表了《帛书〈刑德〉丙篇试探》一文，首次披露了《刑德》
丙篇的一些情况，并进行了初步研究。

（四）方技类帛书——医书

马王堆医书资料发表后，在医学界立即掀起了研究马王堆
医书的热潮，几乎每年都有大量研究马王堆医书的成果面世。
另外，1980 年 1 月及 1981 年 2 月，以湖南中医学院和湖南省
博物馆的部分学者为主体，组成了马王堆医书研究小组，在
《湖南中医学院学报》上相继出版了两期《马王堆医书研究专
刊》。1981 年 9 月及 1984 年 6 月在湖南衡山及长沙分别举办
了两次全国性的"马王堆医书研究学术报告会"，并成立了
"长沙马王堆医书研究会"。1990 年 9 月在长沙又召开了"马
王堆医书研究学术研讨会"，国内很多医药科技方面的学者参
加会议并提交了一大批很有分量的论文，内容包括文字训释、
养生导引、药物方剂、病理诊断、临床医疗等方面，范围十分
广泛，在医学界引起很大反响。另外，在 1992 年举办的"中

国长沙马王堆汉墓国际学术讨论会"上，来自台湾、香港和海外的学者们提交了众多研究马王堆医书的论文，中外学者相互切磋研讨，促进了各自研究的深入。这些活动都对马王堆医书的研究起了很大的促进和推动作用。以下分几个方面总结马王堆医书研究的情况。

第一，马王堆医书的篇题及抄写时代。关于马王堆医书的篇题，学者们一般都采用了帛书整理小组的命名，也有个别学者对于医书的部分篇题提出质疑，如何宗禹认为《足臂十一脉灸经》和《阴阳十一脉灸经》两篇的篇名不够妥帖，建议改名为《足臂脉》和《阴阳脉》，或者《足臂阴阳脉》的甲、乙两种文本（《中华医史杂志》1980年第2期）；傅芳在《关于〈五十二病方〉的书名及其外科成就的讨论》（《中国医史杂志》1981年第1期）中，曾认为《五十二病方》的命名欠妥，建议命名为《金创疯癃方》。不过总的来看，这些建议在学术界并无太大反响。

至于马王堆医书的抄写时代，帛书整理小组在《马王堆汉墓帛书·肆》的《出版说明》中指出，帛书《足臂十一脉灸经》、《阴阳十一脉灸经》甲本、《脉法》、《阴阳脉死候》和《五十二病方》的抄写年代大约在秦汉之际；而帛书《却谷食气》、《阴阳十一脉灸经》乙本和《导引图》的抄写年代约在汉初。至于《胎产书》，整理小组指出其字体接近云梦睡虎地秦简，估计成书较早。可见不同帛书的抄录时间也存在较大的差异。

第二，对医书原文的校释。对于马王堆古医书的原文，帛书整理小组进行了精心的考释工作，其成果体现在1985年出版的《马王堆汉墓帛书·肆》中，对于学者们理解医书内容有很大帮助。在此基础上，一些学者进一步对医书文字进行了考释，如周一谋和萧佐桃主编的《马王堆医书考注》于1988年由天津科技出版社出版；1992年，成都出版社出版了魏启鹏、胡翔骅撰著的《马王堆汉墓医书校释》（一）、（二）两册；同年11月，湖南科技出版社又推出了马继兴积十余年之精力撰著的《马王堆古医书考释》。这些著作都受到学者们的广泛好评，特别是马继兴的《马王堆古医书考释》一书，被誉为是"这批古佚医书释读的集大成者，代表着这批出土文献释读的最高水平，是一部极有分量的佳作"[46]。此外，以单篇论文形式发表的考释文章也有不少[47]。

第三，对药物学成就的研究。帛书《五十二病方》、《养生方》、《杂疗方》等记载了很多方药，对此学者们进行了很多研究。如马继兴、李学勤在《我国现已发现的最古医方——帛书〈五十二病方〉》中，简要介绍了《五十二病方》所记的疾病，并将《五十二病方》与《黄帝内经》、《神农本草经》等书进行了对比研究，阐述了《五十二病方》的重要意义和价值。周一谋的《帛书〈养生方〉及〈杂疗方〉中的方药》（《马王堆汉墓研究文集》），则对帛书《养生方》及《杂疗方》中的方药进行了论述。另外，谈宇文的《〈五十二病方〉制剂琐谈》（《中国医史杂志》1985年第4期）、赵友臣的《〈五十二病方〉中几种药物的考释》（《中华医史杂志》1985年第2期）等都有相关论述。而1997年由西南师范大学出版社出版的张显成的《简帛药名研究》一书，则对简帛医籍中的药名进行了系统的研究。

《五十二病方》等帛书中还有许多通过祝由治病的记载，对此也有很多学者进行了讨论。如张丽君在《〈五十二病方〉

祝由之研究》（《中华医史杂志》1997年第3期）中对《五十二病方》所载的三十多条巫祝术进行归类分析，进而论述该法是上古巫文化对早期医学的渗透，并考证"祝由"源于《五十二病方》中的"祝尤"，义为用巫祝术治病，后来发展为《素问》中移精变气说，其实质是从精神上对病人进行安慰与激励，是一种心理疗法。喻燕姣在《浅谈马王堆医书祝由疗法》（《华夏文化》1995年第6期）、《马王堆医书祝由术研究四则》（《湖南省博物馆四十周年纪念论文集》）两文中也对祝由术进行了讨论。

第四，养生学研究。马王堆医书中的《导引图》、《却谷食气》、《养生方》、《杂疗方》、《胎产书》及《十问》等四种竹木简都涉及古代的养生学问题，不少学者都进行了研究。如中医研究院医史文献研究室的《马王堆三号汉墓帛画导引图的初步研究》（《文物》1975年第6期）对于《导引图》的内容进行了详细的考证，此后还有众多研究《导引图》的著述发表[48]；而唐兰的《马王堆帛书〈却谷食气考〉》（《文物》1975年第6期）、魏启鹏的《帛书〈却谷食气〉研究》（《四川大学学报》1990年第2期）则分别对帛书《却谷食气》进行了细致研究。

房中术也是古代养生学的重要组成部分，马王堆帛书中的《养生方》、《杂疗方》、《胎产书》及《十问》等竹木简都与房中术有关，对此也有许多学者进行过研究。其中李零所做的工作最为出色，他在《马王堆房中书研究》（《中国方术考》，人民出版社1993年版）中分析了马王堆房中书的术语系统，并将之与后代的房中书加以对比，指出它们无论早晚，都保持着术语和体系的一致性。书中还对房中术与中国古代文化的关系进行了讨论。李零的另一篇论文《高罗佩与马王堆房中书》

（《马王堆汉墓研究文集》，湖南出版社 1994 年版）则对荷兰汉学家高罗佩研究中国房中术的得失进行了讨论，并把马王堆房中书纳入房中术的发展脉络中，从而证明中国的房中术是一个连贯不息的传统。

《胎产书》主要讲养胎、埋胞和求子之法，与产科的知识有关，但在古代亦属房中书的研究范围。喻燕姣的《浅谈〈胎产书〉在现代优生学上的价值》（《马王堆汉墓研究文集》）对于《胎产书》在优生学上的意义进行了讨论。而刘乐贤在《睡虎地秦简日书研究》（文津出版社 1994 年版）中则将帛书"人字图"与湖北云梦睡虎地秦简《日书》"人字篇"加以对比研究，指出"人字图"是一种依据胎儿出生预卜其一生命运的占卜方法，并将之与至今流行于香港年历上的"轩辕黄帝四季诗"等材料对照，形象地说明了这一传统的源远流长。

还有一些学者对马王堆帛书中的其他养生问题进行了研究，如马继兴的《马王堆古医书中的呼吸养生法》（《马王堆汉墓研究文集》）对马王堆帛书中涉及的三种呼吸养生法进行了讨论。

1983 年底至 1984 年初，湖北江陵张家山汉墓出土了大批竹简，其中的《引书》与马王堆帛书的《导引图》关系十分密切，已有一些学者将它们进行了对比研究[49]。

第五，经脉学说的研究。马王堆帛书中的《足臂十一脉灸经》、《阴阳十一脉灸经》甲乙本、《脉法》、《阴阳脉死候》等篇都与中国古代的经脉学说密切相关。传世的《灵枢·经脉篇》等文献记载的都是十二经脉，然而在帛书《足臂十一脉灸经》与《阴阳十一脉灸经》中，所论的都是人体十一条经脉的循行、主病和治则，虽与《灵枢·经脉篇》极为相近，但缺少了

"手厥阴"脉，而且所述各脉循行方向与径路以及主病病症，不仅比《经脉篇》简略，甚至有相悖之处，从而引起了学者们的极大兴趣。学者们大多都同意，由于《足臂十一脉灸经》论述较简，《阴阳十一脉灸经》甲乙本论述稍详，因此认为《足臂》成书于《阴阳》之前。又因两者均没有《经脉篇》那样完整的经脉系统理论，故将此三部古医书看作是经脉学说在其早期形成过程中，由简到繁、由少到多、由不完备到成为完整的经络学说理论体系的三个不同发展阶段。不过也有学者反对这一序列。如姚纯发在《马王堆帛书〈足臂十一脉灸经〉初探》（《中华医史杂志》1982 年第 3 期）一文中，提出《足臂十一脉灸经》所论述的内容可能不是十二正经，而是经脉系统中的一个筋肉系统，即后来的十二经筋，该篇应是《灵枢·经脉篇》的早期著作，且两者的成书年代相距不太远，只有《阴阳十一脉灸经》才是《灵枢·经脉篇》的原始形式，且《阴阳十一脉灸经》的成书远在《足臂十一脉灸经》之前。此说提出后，毛良、何宗禹等都提出商榷意见，反对姚说[50]。

余自汉的《帛书〈阴阳脉死候〉和〈灵枢·经脉篇〉》（《中华医史杂志》1984 年第 4 期）则指出帛书《阴阳脉死候》对《灵枢》的成书，尤其是对《经脉篇》的形成产生过深刻影响，并认为《阴阳脉死候》中关于"□□五死"的描述奠定了祖国医学脏象学说的基础。马继兴和毛良则对《脉法》篇进行了细致的研究[51]。

近些年关于马王堆医学经脉学说的研究中，杜正胜的《试论传统经脉体系之形成——兼论马王堆脉书的历史地位》（《马王堆汉墓研究文集》）讨论了传统医学经脉体系的形成过程，并说明马王堆出土脉书的历史地位。韩健平的《马王堆古脉书研究》一书则对马王堆古脉书的有关问题进行了系统的研究。

1983 年底至 1984 年初在湖北江陵张家山汉墓出土了大批竹简，其中的《脉书》相当于帛书《阴阳十一脉灸经》、《脉法》、《阴阳脉死候》三种。这对于进一步研究帛书中有关经脉方面的问题具有重要意义。

海外也有众多学者从事马王堆医书的研究工作，如日本学者赤堀昭《〈阴阳十一脉灸经〉研究》（《东方学报》第 53 册）、坂出祥伸《导引考》（《池田末利博士古稀纪念东洋学论集》）、美国学者夏德安的《五十二病方》（《马王堆汉墓研究文集》）等等。这些著述对于马王堆医书研究的深入起到了很好的推动作用。

（五）术数类帛书

1. 帛书《五星占》研究

帛书《五星占》材料发表后，立即在学术界特别是天文学史的专家之间展开了热烈讨论，这些讨论主要是从科技史的角度围绕以下几个方面进行探讨：

（1）帛书《五星占》的重大科学价值。席泽宗在《中国天文学史的一个重要发现》（《中国天文学史文集》，科学出版社 1978 年版）一文中指出，帛书《五星占》末尾三部分列出从秦始皇元年（前 246 年）到汉文帝三年（前 177 年）凡七十年间木星、土星和金星的位置，并描述了这三颗行星在一个会合周期内的动态，"它向我们表明，当时人们已经在利用速度乘时间等于距离这个公式把行星动态的研究和位置的推算有机地联系起来，这就比战国时代甘、石零星的探讨前进了一步，而成为后代历法中'步五星'工作的先声"。《五星占》的成书时间比《淮南子·天文训》及《史记·天官书》都要早，然而书中关于金星、土星会合周期等数据都远较后两者精确；另外，帛书《五星占》的占文中还保存了甘氏和石氏天文书的一部分，其中甘氏的尤多。"因此，这是现存最早的一部天文书，在天文史的研究上具有特别重要的价值"。

徐振韬《从帛书〈五星占〉看"先秦浑仪"的创制》(《中国天文学史文集》，科学出版社1978年版) 一文则根据帛书《五星占》记载了从秦始皇元年到汉文帝三年的七十年间，三颗大行星运行的观测记录，推测当时已经用浑仪一类的仪器 (徐振韬称之为"先秦浑仪") 从事天文观测活动，并且这种浑仪相当准确地测定了大行星的视运动规律。陈久金的《从马王堆帛书〈五星占〉的出土试探我国古代的岁星纪年问题》(《中国天文学史文集》，科学出版社1978年版) 则指出，马王堆帛书五星占的出土，为我们重新讨论中国古代的岁星纪年问题提供了宝贵的材料。

(2) 帛书《五星占》后三章有关秦汉时期的天象记录是否为实际观测的结果。对这一问题，大部分研究天文学史的专家都给予了肯定的回答。如席泽宗指出："帛书中关于金星的七十年的位置表是符合天象的，而秦始皇元年的必须是实际观测"(《中国天文学史的一个重要发现》，《中国天文学史文集》，科学出版社1978年版)。但是何幼琦却提出了不同意见[52]。何幼琦认为，帛书《五星占》的前六章是战国时的占书佚文，至于学者们认为有很高科学价值的后三章，也基本上都是战国时期天文学的成果，但是星占术士在利用这些资料时，为了迎合政治上的需要，编造出"秦始皇帝元年正月，岁星相与营室

晨出东方"、"秦始皇帝元年正月，填星〔相〕与营室晨出东
方"、"秦始皇帝元年正月，太白与营室晨出东方"等事情，这
些都是不符合天象实际的。至于秦以后逐年的年数，也应该是
这一派的后学世世补充起来的。这样，何幼琦就从根本上否定
了它们是秦汉时期天象记录的观点。

（3）帛书《五星占》的天象观测时代和作者。帛书《五星
占》的天象纪录一直到汉文帝三年（前177年）为止，而马王
堆3号墓的下葬年代是汉文帝十二年（前168年），因此帛书
抄写于汉文帝时期是毫无疑问的。但是对于这件帛书中天象观
测的年代，学者们却有不同的看法，归结起来有四种观点：

第一，秦始皇元年说（或秦始皇时期说）。如席泽宗认为：
"帛书中木星、土星和金星的七十年位置表是根据秦始皇元年
的实测记录，利用秦汉之际的已知周期排列出来的，可能就是
颛顼历的行星资料"（《中国天文学史的一个重要发现》）；陈久
金、陈美东也认为"这批资料为秦始皇元年至统一中国期间实
测，以后年份的资料，是推算出来的"（《从元光历谱及马王堆
帛书〈五星占〉的出土再探颛顼历问题》）。

第二，战国中期说。这是何幼琦提出来的观点。何幼琦认
为，帛书《五星占》前六章中的星占内容反映的都是战国时期
的景象，属战国中期的作品。后三章的大部分星象材料也是在
战国中期观测、制定的，但却被星占学家硬套到秦汉时期。

第三，汉初高祖至吕后期间说。王胜利在《星岁纪年管
见》（《中国天文学史文集》第五辑，科学出版社1989年版）
一文中认为："《五星占》中的木星资料很难认为是秦始皇元年
至秦统一中国期间所实测，《五星占》所载的纪年法也不会是
根据这一期间的实际天象创制的"，"汉高帝元年和代皇元年的

木星实际位置是与《五星占》的记载相吻合的。这说明《五星占》中的木星资料很可能是以汉初的实际天象为基础而编排出来的，其所载的纪年法也是以汉初的实测资料为依据制定的。"

第四，秦始皇元年至汉文帝三年说。这是刘彬徽在《马王堆汉墓帛书〈五星占〉研究》（《马王堆汉墓研究文集》）中提出来的见解。这个说法显然是对第三种看法的时间加以前后延伸。

至于帛书《五星占》的作者，学者们一般都认为是楚人的作品，但是何幼琦在《试论〈五星占〉的时代和内容》一文中提出了不同的看法。何幼琦认为《五星占》是战国时期的作品，帛书《五星占》的占辞中有"荆"而无"楚"，"荆是周、鲁等中原国家加给楚国的谤辞，楚人从来不自称为'荆'，所以《五星占》决不是楚人的作品"。何幼琦进而提出，"《五星占》大抵是三晋、周、鲁天文家的著作"。

（4）《五星占》与中国古代的星岁纪年问题。帛书《五星占》发表后，很多学者都注意到它在研究中国古代星岁纪年方面的重要价值，如陈久金在《从马王堆帛书〈五星占〉的出土试探我国古代的岁星纪年问题》一文中指出："我国古代岁星纪年问题的研究，是一项较为困难的工作，由于资料缺乏，年代不清楚，好些问题得不到明确一致的答案。马王堆帛书五星占的出土，为我们探讨这一问题提供了宝贵的材料。"从已发表的论文来看，大部分文章都涉及了这一领域。不过学者们之间见仁见智，观点存在较大的分歧。大致而言，学者们主要有以下观点：

第一，《五星占》纪年法为颛顼历纪年法。陈久金在《从马王堆帛书〈五星占〉的出土试探我国古代的岁星纪年问题》

一文中说："秦始皇元年就是当时所行用的历法颛顼历的实测历元。秦至汉初岁星纪年方法与颛顼历一齐创制，成为颛顼历的一个组成部分……帛书《五星占》的出土，不但解决了秦及汉初岁星纪年问题，而且使得纪年法能明确与具体年份一一对应起来。""太初历纪年法与颛顼历纪年法都属同一类型，即保持太岁在寅，岁星在亥的关系"。

第二，何幼琦反对上述观点，他认为帛书《五星占》是在战国中期观测制定的，《五星占》的材料应来源于战国中期第一个摄提格岁（前 363 年）。何幼琦认为，战国至秦汉只有两种历法，相应的有两种纪年法，即后人所说的人正和天正，人正用太岁纪年法，天正用太阴（岁阴）纪年法。那个时期再也没有别的历法和纪年法。太初改历，不只是一般的历法改革，而是我国历史上的首次历法斗争，是天正派复辟和人正派拨乱反正的公开较量。

第三，《五星占》所载的纪年法为太初历纪年法。王胜利在《星岁纪年管见》（《中国天文学史文集》第五辑）一文中不同意五星占纪年法就是颛顼历纪年法的观点，指出："颛顼历的测制者根据当时的实际天象，是制定不出比甘石纪年法的岁星位置超越二次的、与太初历纪年类型相同的颛顼历纪年法的……颛顼历所使用的可能仍然是战国时期各国通行的甘石纪年法。"

第四，《五星占》所载纪年法是与甘石纪年法、太初纪年法不同的一个新类型。刘彬徽在《马王堆汉墓帛书〈五星占〉研究》（《马王堆汉墓研究文集》）一文中提出一个新的看法，认为《五星占》的十二次范围与太初历的十二次范围存在一定的差异，是早于太初历的早期划分法，也许可早到战国时期，与甘石纪年法、太初历纪年法均不相同，刘彬徽将之命名为五星占纪年法。

2. 帛书《天文气象杂占》研究

帛书《天文气象杂占》的材料公布后，诸多学者纷纷撰文讨论。据笔者所知，目前有关帛书《天文气象杂占》的研究论文主要有：

（1）顾铁符：《马王堆帛书〈天文气象杂占〉内容简述》（《文物》1978 年第 2 期）；

（2）席泽宗：《马王堆汉墓帛书中的彗星图》（《文物》1978 年第 2 期）；

（3）顾铁符：《马王堆帛书〈天文气象杂占〉》（《夕阳刍稿》，紫禁城出版社 1988 年版）；

（4）陈奇猷：《马王堆汉墓帛书彗星图试释》（《上海博物馆集刊》第 3 期，上海古籍出版社 1986 年版）；

（5）李学勤：《论帛书白虹及〈燕丹子〉》（《河北学刊》1989 年第 5 期）；

（6）魏启鹏：《帛书〈天文气象杂占〉的性质和纂辑年代》（《马王堆汉墓研究文集》，湖南出版社 1994 年版）；

（7）王胜利：《帛书〈天文气象杂占〉中的彗星图占新考》，（《马王堆汉墓研究文集》，湖南出版社 1994 年版）。

上述论文主要涉及以下几个方面：

（1）帛书《天文气象杂占》的命名问题。顾铁符指出，这幅帛书的内容包括云、气（包括蜃气、晕、虹等）、星、彗等方面。总的看来，以占气的篇幅最大，其次是云，第三是彗，而星的分量最小。我国古代的天文学，一般说，一是研究日月五星，用以制历法；二是研究二十八宿、中宫、外宫，用以定

节气；三是研究气象（古代对天文和气象并没有严格区分，气
象亦归入天文），用以观察天气。这幅帛书是以气象占为主，
穿插了天文范围内的彗，以及个别的星，因此称它为《天文气
象杂占》可能比较妥当。

（2）帛书《天文气象杂占》的性质。顾铁符指出："《天文
气象杂占》的占文，除了'贤人动'、'邦有女丧'、'有使至'
等一小部分占文之外，其余的都是'客胜'、'主败'、'兵兴'、
'军疲'、'城拔'、'邦亡'、'益地'、'失地'等关系军事方面
的。这和一同出土的《刑德》等一样，都是属于兵家阴阳，亦
即军事迷信的书。"魏启鹏也说："通过对《杂占》的整体观察
和分析，可以肯定它是兵家所用的天文气象占验之书。"李学
勤则言：《天文气象杂占》这种书，"按照《汉书·艺文志》的
分类法，应当划归数术类的天文家"。这一见解在具体分类上
虽与顾铁符小有差异，但实质是一样的。因为该书从内容上
看，既可划归兵阴阳类，也可划归天文类。

（3）帛书《天文气象杂占》的成书时代及作者。对于帛书
《天文气象杂占》的抄写时代，顾铁符指出，"这幅帛书的字
体，虽然已是隶书，但篆书的意味还相当浓厚。同时出土的许
多帛书中，只有《老子》甲本和《战国纵横家书》和它比较接
近。书中称所有国为邦，国君为邦君，不避汉高祖刘邦的讳。
由此可见，这幅帛书的传抄，至迟不晚于西汉最初的几年；但
亦不排除更早的可能"。对于这一看法，学者们没有太多的
分歧。

至于帛书的成书年代，顾铁符指出："《天文气象杂占》中
最有时代关系的，是101条至114条十四个国、族的云。其中
有赵云、韩云、魏云，说明成书是在战国时期公元前403年三

家分晋之后。其次如越、中山、宋，都是战国时期被灭掉的国（楚灭越在公元前345年，赵灭中山在公元前301年，齐灭宋在公元前286年），而各国云中还有这三个国。不过，古代人对地理名称的使用常有连续性，国亡后仍可能把国名作地名用"，"《天文气象杂占》成书的年代和《周礼》相去不远"。从这些论述来看，顾铁符认为《天文气象杂占》是成书于公元前403年之后的战国时期。席泽宗也认为《天文气象杂占》的成书时间应在三家分晋和越灭亡这两个年代之间或稍后。

魏启鹏则认为，"古代天文学的观测、推算、占验，是需要若干代人接力进行的事业。帛书《杂占》集录的天文气象占验乃多家之言，上至战国之前，下至秦楚之际"。魏启鹏认为帛书中的"天出荧惑，天下相惑，甲兵尽出"、"鱼（渔）阳亡"等占辞具有秦楚之际的特征，其纂辑年代当为司马迁所称的秦楚之际。

至于帛书《天文气象杂占》的作者，顾铁符指出，帛书中对于各国云的论述亦可见于一些典籍，但是排列顺序却有很大差别："《开元占经》、《晋书·天文志》、《太平御览》引《兵书》等，都是从韩云开始，楚云排在第三，《乙巳占》中甚至没有楚云。独有这幅《天文气象杂占》以楚云排在最前面，这决不是无缘无故的事。总的来看，《天文气象杂占》提到的历史事件很少，但四一六条提到吴伐楚的柏举之战，并且是以楚人的口气说的"。此外帛书中还有一些含有地域性的词语，因此很可能是出自楚人之手。席泽宗和李学勤也持同样的观点。

魏启鹏认为，帛书《天文气象杂占》的天文气象占验是若干代人接力进行的事业，文中所引材料的作者，也决不限于帛书注明的任氏、北宫、赵□等人，而纂辑为《杂占》当为楚人。这又把帛书作者问题作了进一步的区分。不过魏启鹏仍然肯定这件帛书最后成于楚人之手。

(4) 帛书《天文气象杂占》的学术价值。顾铁符指出："《天文气象杂占》里的云、气、星、彗四个部分,分量有多有少,论科学价值亦有很大悬殊。据我们初步研究,其中最值得注意的是天文中的彗,其次是气象中晕的部分。""《天文气象杂占》中关于彗星的二十九条,重点是在表示出各种彗星的形态。除了最后一条翟星之外,其余都分彗头、彗尾两个部分。彗头画成一个圆圈或圆形的点;在六一九、六二〇、六二二、六二八等图中,圆圈的中心又有一个小的圆圈或小圆点。这个小圆圈或小圆点,是否说明在当时已经见到在一团彗发的中心,有一个很小的彗核,是值得注意的问题。"另外,帛书所画的彗尾有直有弯,且有大小不同的弧度,可见当时观测彗星已经注意到了彗尾的形态差异。总之,"这二十九条彗星,很足以说明二千几百年前我国观测彗星已经有了出乎意料的成就。这一部分彗星图,是我国古代研究彗星的里程碑"。

席泽宗也从科技史的角度论述了帛书彗星内容的重大价值。陈奇猷则对帛书彗星图占进行了新的考释,随后王胜利又作了进一步的阐发。这些学者的工作使得对帛书中彗星内容的研究继续深入。

学者们对于帛书中彗星等部分内容特别重视,主要是从中国科技史的角度加以认识的,实际上如果从中国古代的数术传统及古文献研究的角度考虑,帛书《天文气象杂占》还有更多的意义。这方面李学勤的文章给人们很多启示。李学勤主要讨论了《天文气象杂占》中有关白虹的占语"白虹出,邦君死之",将之与荆轲刺秦王时"白虹贯日"联系起来并加以解释,还进而对《燕丹子》一书的情况进行了讨论，这是对《天文气象杂占》研究思路与研究领域的一个新开拓。

3. 帛书《相马经》研究

帛书《相马经》的释文发表于 1977 年第 8 期《文物》，同期还发表了谢成侠的研究文章《关于长沙马王堆汉墓帛书〈相马经〉的探讨》。谢成侠在文中指出，"这部关于古代相马的帛书，可以肯定抄录自早已失传的《相马经》，虽则它抄得很不完整，未能从中窥知古代相马法的全豹，但它对研究中国畜牧史提供了历史文献从来所未见的关于相畜方面的材料"。谢成侠还分"帛书《相马经》的时代背景和来历"、"帛书《相马经》内容分析"、"《相马经》的科学历史意义"三部分对帛书《相马经》进行了一些有益的探讨。

在谢成侠的文章之后，国内长时间内未见有人发表有关帛书《相马经》的文章。从 80 年代末开始，赵逵夫分别发表了《藻辞谲喻，意蕴宏深——从帛书〈相马经·大光破章〉看屈赋比喻象征手法的形成》（《辽宁师范大学学报》1988 年第 3 期）、《马王堆出土〈相马经·大光破章故训传〉发微》（《江汉考古》1989 年第 3 期）、《马王堆汉墓帛书〈相马经〉发微》（《文献》1989 年第 4 期）三篇论文。其中第一篇文章对于帛书所反映的楚语乃至楚文化特征进行了陈述，第二、第三篇文章则对帛书《相马经》的结构和内容进行了集中阐述。作者指出，帛书《相马经》并不是学者们所认为的全部为《相马经》之经文，而是包括"经"、"传"、"故训"三部分。第一部分是"经"，即从第 1 行至 22 行是《相马经》的本文。第二部分是"传"，即从第 23 行至 44 行的"处之，多气"，是通摄经文大意、阐发精要的文字。它不是按"经"的行文、章法依次解释字句、加以串讲，而是摆脱原文的外部形式，或寻绎文义、综合归纳，或广征博引、自由发挥。第三部分则是"故训"，即从第44行"有月出其上，半矣而未明者"至帛书末尾，它们完全是对第一部分经文的解释，其中一些重要文字不过是为了解释的方便先引录了经文有关文字而已。帛书"经"的部分只是《相马经》的《大光破章》，讲的是相马眼睛的学问，"大光"即指眼而言，"破"为解析、识透之义。因此，这篇帛书似可定名为《相马经·大光破章故训传》。帛书"经"、"传"、"故训"这三部分的作者和成书时代也是不一致的，"传"同"故训"两部分有可能同出一人之手，但经文同"传"、"故训"非同一作者所作，且非同一时期的作品，其中"经"当产生于战国中期以前，而"传"与"故训"则要迟一些。这些分析为研究帛书《相马经》创造了很好的条件。

境外的汉学家们也很注意帛书《相马经》。据李学勤介绍，美国的一位学者曾对《相马经》进行了思想史的分析。他完全没有从养马的技术方面看待这篇帛书，而是把它看作哲学思想的资料。他一一分析《相马经》里关于马体各部位相术的叙述，怎样是良马的标志，怎样是驽马的标志，认为在这些相术中包含着一些普遍的思想模式，而这些模式是与当时流行的象数的世界观一致的。这些思想模式可以用来判断马的良劣，也可以适用于宇宙和人事的各个方面，是有普遍意义的哲学范畴[53]。

4.《"大一将行"图》研究

出土后冷落了近二十年的马王堆汉墓《"太一将行"图》（或称"社神图"、"太岁避兵图"、"神祇图"、"太一出行图"），自1990年周世荣撰文介绍及研究后，李学勤、李零、陈松长、李家浩、饶宗颐等都有专文讨论，成为近年来马王堆帛书研究的一个热点。这些文章主要有：

（1）周世荣：《马王堆汉墓的"神祇图"帛画》（《考古》1990 年第 10 期）；

（2）李学勤：《"兵避太岁"戈新证》（《江汉考古》1991 年第 2 期）；

（3）李零：《马王堆汉墓"神祇图"应属避兵图》（《考古》1991 年第 10 期）；

（4）陈松长：《马王堆汉墓帛画"太一将行图"浅论》（《美术史论》1992 年第 3 期）；

（5）李家浩：《论太一避兵图》（《国学研究》第一卷，北京大学出版社 1993 年版）；

（6）李零：《中国方术考》中《"兵避太岁"戈和马王堆帛书〈避兵图〉》第 69 至 75 页（人民中国出版社 1993 年版）；

（7）李建毛：《马王堆汉墓"神祇图"与原始护身符箓》（《马王堆汉墓研究文集》，湖南出版社 1994 年版）；

（8）饶宗颐：《图诗与辞赋——马王堆新出〈太一将行图〉私见》（《湖南省博物馆四十周年纪念论文集》，湖南教育出版社 1996 年版）。

下面我们把学者们对它的研究作一综述。

帛画的命名。对于这件帛画，学者们对它的命名可谓五花八门。周世荣曾将其称为"社神图"，后又改称为"神祇图"。尔后，李零认为此图应属"避兵图"；李家浩认为应称之为"太一避兵图"；陈松长则直接据题记文字称之为"太一将行图"；饶宗颐称其为"太一出行图"。

至于这幅帛画的性质，李零、李家浩认为是避兵图，李建毛认为是一种护身符箓，陈松长认为是一种避风雨、水旱、兵革、饥馑、疾疫的避邪工具，饶宗颐认为是图诗、图赞之属，其主题是用兵而不是避兵。

关于这幅帛画的时代和作者，李家浩提出"该图可能是战国时代楚人的作品"，学者们未见有太大的异议。

（六）其他类帛书——古地图

马王堆 3 号汉墓共出土了三幅帛质古地图，即《地形图》、《驻军图》和《城邑图》（或称《园寝图》）。由于《城邑图》上没有文字，因此我们在此暂不讨论。

地形图和驻军图出土时，折叠的边缘已经断裂破碎，专家们经过努力，终于将其修补复原。其具体情况在帛书整理小组发表的《长沙马王堆三号汉墓出土地图的整理》（《文物》1975 年第 2 期）及《马王堆三号汉墓出土驻军图整理简报》（《文物》1976 年第 1 期）中有详细的论述。

《地形图》和《驻军图》发表之后，学者们对它们进行了很多研究，综观这些研究论文，主要是围绕下列主要问题展开讨论的。

1. 关于古地图的定名问题

《地形图》和《驻军图》本身并没有题名。帛书整理小组发表这两幅古地图时，指出前者属于《地形图》，后者为《驻军图》，随后学者们对这两幅地图的准确命名进行了热烈的讨论。对于第一幅地图，谭其骧认为就是汉代通常所谓的舆地图，根据地图内容，谭其骧建议定名为"西汉初期长沙国深平防区图"（《二千一百多年前的古地图》，《文物》1975 年第 2

期）；吴承国认为"马王堆地形图系秦代江图"[54]；周世荣等人则支持帛书整理小组的命名（《马王堆帛书古地图不是秦代江图》，《马王堆汉墓研究文集》）。

至于《驻军图》的命名，学者们也存在一些分歧。詹立波认为，这幅地图"反映了汉初长沙诸侯国军队守备作战的兵力部署情况，属于军事要图，可称为'守备图'"（《马王堆汉墓出土的守备图探讨》）。不过，正如有的学者所指出的那样，称"驻军图"或"守备图"并没有质的区别[55]，称"驻军"，比较侧重在其军队的建制和防区的分布，称"守备"则强调防守装备布局方面。不过学术界一般都认同《驻军图》的定名。

2. 关于古地图的绘制年代

马王堆古地图发表之后，对古地图的绘制年代一直是众说纷纭。对于《驻军图》，有的学者认为可以早到汉高祖或惠帝初年[56]，有的学者认为定在高后末年为宜[57]，也有的学者认为应是文帝初年[58]，还有一些学者则将《驻军图》的绘制时期笼统地定在高后七年（前181年）至文帝十二年（前168年）之间[59]。

至于《地形图》的绘制年代，讨论的学者相对比较少。曹学群在《论马王堆三地图的绘制年代》一文中将《驻军图》与《地形图》的内容加以比较，认为《地形图》的绘制年代应相对早于《驻军图》，可以确定在秦始皇二十六年（前221年）至高后七年（前181年）之间，而很可能是在高帝五年（前202年）以后至高后七年这段时期之内[60]。

3. 对古地图内容的认识和研究

对古地图内容的认识和研究可分为两方面，一方面是对古地图上所标出的特殊地理名称及古代区域地名的考释，一方面则是对古地图绘制情况进行分析和评价。

在对古地图地名的研究方面,周世荣做了很多工作。周世荣曾运用出土的汉印资料,将之与古地图进行了对比研究,还亲自对古地图上所绘的城邑要塞进行了实地调查[61]。《地形图》中标明的八个大城,除桂阳可能被近代建筑湮没外,其余七个故城遗址周世荣都发现了眉目,从而使两千年前神奇古老的地图中的奥秘终于略见端倪。

对于古地图绘制方面的情况,帛书整理小组已经作了很好的说明。如关于《地形图》,帛书整理小组指出,这幅地图所包括的范围大致为:东经111度至112度30分,北纬23度至26度之间,地跨今湖南、广东两省和广西壮族自治区的一部分。地图的主区包括当时长沙国的南部,即今湘江上游第一大支流潇水流域、南岭、九嶷山及其附近地区。其邻区为西汉诸侯南粤王赵佗的辖地。地图主区部分内容比较详细,邻区比较粗略。这件帛书的主区有一个大致的比例,约在十七万分之一至十九万分之一之间,如按当时的度量制,约相当于一寸折十里地图。地图上表示的主要内容既包括作为自然地理要素的山脉、河流,又表示了作为社会经济要素的居民地、道路等,而地貌、水系、居民地、交通网四大要素,正是现代地形图的基本要素。因此可以说,这是一幅相当于现代的大比例尺的地形图。从地图内容要素的表示来看,该图绘制技术也达到了相当熟练的程度,例如河流的粗细变化,自然弯曲表示得相当生动;河口处没有通常易于错绘的倒流现象;道路的绘画几乎是一笔绘成,看不出有换笔的接头;描绘居民地的圈形符号的圆度很好(如深平),显示出该图较高的绘制技术。在绘制方面,看来当时已经有了初步的"制图原则",例如:对地图内容的分类分级、化简取舍，地图符号的设计，以及"主区详邻区略"等，有些至今还在应用。因此，该图的出土确是我国文物考古工作的一大发现，表明了我国两千一百多年以前地图科学的蓬勃发展和测绘技术的高度水平，由此说明晋朝的裴秀关于"汉代舆地及括地诸杂图……不备载名山大川，虽有粗形皆不精审"的说法是不符合当时实际情况的[62]。

至于《驻军图》，帛书整理小组指出，这幅地图的主区为大深水流域，在今湖南省江华瑶族自治县的潇水流域，方圆约五百里，它所包括的范围，仅仅是同它一起出土的《地形图》中的部分地区。主区北部绘得比较详细，而南部地带比较简略。其主区的比例大致是八万分之一至十万分之一左右，图上东西方向与南北方向的比例不太一致，较《地形图》约大一倍。《驻军图》的基本内容不只一般地表示山脉、河流等普通地图要素，而是根据它的专门用途突出表示了九支驻军的布防和防区界线、指挥城堡等。该图把驻军内容突出表示于第一层平面，而把河流等地理基础用浅色表示于第二层平面，这与现代专门地图的两层平面表示法是一致的。这幅《驻军图》是用三色彩绘的军事要图，主题鲜明，层次清楚，表现了我国古代高度的地图测绘水平。总览全貌，大多数河流和一些与驻军有关的山头均注有具体名称，居民地有的还旁注户数，突出地表示了各支军队的名称、驻地，显示出各军事要素与周围地形的关系。所有这些都说明了《驻军图》必定是在实地勘测的基础上绘制的。同时，由于它真实地记录了当时长沙诸侯国在军事上的驻防备战形势，所以它又为研究西汉初期的军事、历史提供了极为难得的实物佐证[63]。后来谭其骧、张修桂等还继续就这两幅古地图的绘制特点及所反映的历史地理等问题进行了探讨[64]。

对于马王堆古地图的研究，近年来一些学者从新的角度进行了有益的探索。如李均明在《关于〈驻军图〉军事要素的比较研究》（《马王堆汉墓研究文集》）一文中，运用丰富的汉简资料，将《驻军图》所示防区与居延防区进行了很有意义的对比。王子今则将"地形图"和"驻军图"与甘肃放马滩秦墓古地图进行对比研究，指出它们之间在突出标示交通路线方面有某种继承关系，而其内容又可补充史籍对于南楚交通记载之不足，因而有助于对汉代交通史的认识[65]。刘晓路的《从马王堆三号墓出土地图看墓主官职》（《文物》1994 年第 6 期）综合考察了《地形图》、《驻军图》、《城邑图》的内容，认为墓主人生前的官职应是长沙相。很显然，这些对比研究对于进一步深入研究马王堆古地图具有重要作用。

注　释

[1] 李学勤《记在美国举行的马王堆帛书工作会议》，《文物》1979 年第 11 期。

[2] 饶宗颐："晋干宝，宋罗泌、罗苹（罗泌子），李过，清黄宗炎辈，都记述《归藏》的卦名，朱彝尊《经义考》、马国翰等辑佚书复转载之。《归藏》六十四卦名，大部分和《周易》很有出入，向来没有人敢相信。可是从马王堆 3 号墓出土的汉初《周易》写本，卦名与今本亦大不相同，比勘之下，有的反和《归藏》卦名接近，令人觉得后人传述的《归藏》各卦，必有它的来历，并非完全没有依据"（《殷代易卦及有关占卜诸问题》，《文史》第 20 辑）。李学勤也指出："流传的《归藏》卦名确乎有据，非同杜撰"（《周易经传溯源》第 221 页，长春出版社 1992 年版）。

[3] 如周立升在《帛〈易〉六十四卦刍议》（《文史哲》1986 年第 4 期）一文中认为刘大钧的一些论述是"很有见地的"。

[4] 李学勤《周易经传溯源》第 22 页，长春出版社 1992 年版。

[5] 如胡家聪《易传〈系辞〉思想与道家黄老思想之学相通》（《道家文化研究》

第一辑)、王葆玹《从马王堆帛书看〈系辞〉与老子学派的关系》(《道家文化研究》第一辑)、许抗生《略谈帛书〈老子〉与帛书〈易传·系辞〉》(《道家文化研究》第三辑)、李定生《帛书〈系辞传〉与〈文子〉》(《道家文化研究》第三辑)等。

[6] 如周桂钿《道家新成员考辨——兼论〈易·系辞〉不是道家著作》(《周易研究》1993 年第 1 期)、廖名春《论帛书〈系辞〉的学派性质》(《哲学研究》1993 年第 7 期)、陈来《马王堆帛书易传与孔门易学》(《国学研究》第二卷)等。

[7] 如张岱年《初观帛书〈系辞〉》(《道家文化研究》第三辑)、余敦康《帛书"易有大恒"的文化意蕴》(《道家文化研究》第三辑)等。

[8] 如李学勤《周易经传溯源》(长春出版社 1992 年版)、《帛书〈要〉篇及其学术史意义》(《中国史学》第 4 卷,1994 年)、《从〈要〉篇看孔子与〈易〉》(《简帛佚籍与学术史》,时报文化出版公社 1994 年版)等。

[9] 邢文《帛书〈周易〉研究》,人民出版社 1997 年版。

[10] 廖名春《帛书〈易传〉初探》,文史哲出版社 1998 年版。

[11] 裘锡圭也认为《春秋事语》"很可能是《铎氏微》一类的书",而唐兰则怀疑是"《汉书·艺文志》中的《公孙固》",裘、唐二人的观点见《座谈长沙马王堆汉墓帛书》中的发言。

[12] 唐兰也有类似的看法,见《座谈长沙马王堆汉墓帛书》中唐兰的发言。

[13] 李学勤认为帛书之"辛"字与"辛"不同,可能就是"辛"字。见《〈春秋事语〉与〈左传〉的传流》一文。

[14] 见《座谈长沙马王堆汉墓帛书》中唐兰的发言。杨宽在《马王堆帛书〈战国策〉的史料价值》一文中曾总结说:"在对这部书初步研究的同志中间,有两种不同的看法:一种认为这些佚文以苏秦、苏代、苏厉的言行为主,可能是《汉书·艺文志》纵横家中的《苏子》。另一种认为把它看作《战国策》的前身比较恰当,因为西汉刘向编辑《战国策》时所依据的就有《国策》、《短长》等多种册子。"

[15] 郑良树《论帛书本〈战国策〉的分批及命名》,见《竹简帛书论文集》第 201 页,中华书局 1982 年版。

[16] 王泽文《谈帛书〈战国纵横家书〉的篇章结构及其与〈战国策〉的关系》,待刊稿。

[17] 李学勤《对古书的反思》,《李学勤集》第 43 页,黑龙江教育出版社 1989 年版。

[18] 唐兰《司马迁所没有见过的珍贵史料——长沙马王堆帛书〈战国纵横家书〉》，马王堆汉墓帛书小组编《战国纵横家书》，文物出版社 1976 年版。

[19] 见陈松长《帛书史话》第 165 页，中国大百科全书出版社 2000 年版。

[20] 韩仲民在《长沙马王堆汉墓帛书概述》一文中也有类似的意见。

[21] 尹振环《帛书老子与老子术》第 17 页，贵州人民出版社 2000 年版。

[22] 邱锡昉《〈老子〉在战国时可能只有一种道家传本》，《文物》1976 年第 11 期。

[23] 李学勤《严遵〈指归〉考辨》，《历史文献研究》新 6 辑，北京师范大学出版社 1995 年版，后收入《古文献丛论》，上海远东出版社 1996 年版。

[24] 郑良树《从帛书老子论严遵道德指归之真伪》，《古文字学研究》第 7 辑，中华书局 1982 年版。

[25] 张松如《老子校读》（一）（二），《社会科学战线》1978 年第 1、2 期，吉林人民出版社 1978 年版。但张氏只发表了前五章，其他七十六章则未见讨论。

[26] 陈松长《长沙马王堆西汉墓》第 81 页，上海古籍出版社 1998 年版。

[27] 陈鼓应在《关于〈黄老帛书〉四篇成书年代等问题的研究》一文中总结说："现在看来，《经法》等四篇就是《汉书·艺文志》记载的《黄帝四经》，应无大问题。"见《马王堆汉墓研究文集》第 7 页，湖南出版社 1994 年版。

[28] 如余明光的《黄帝四经与黄老思想》，黑龙江人民出版社 1989 年版。

[29] 高亨、董治安《〈十大经〉初论》，《历史研究》1975 年第 1 期。

[30] 李学勤《马王堆帛书与〈鹖冠子〉》，《江汉考古》1983 年第 2 期。

[31] 陈鼓应《关于〈黄老帛书〉四篇成书年代等问题的研究》，《马王堆汉墓研究文集》第 7~8 页，湖南出版社 1994 年版。

[32] 陈鼓应《关于〈黄老帛书〉四篇成书年代等问题的研究》，《马王堆汉墓研究文集》第 9~11 页，湖南出版社 1994 年版。

[33] 陈鼓应提出了几条根据：第一，《十六经·五正》曾说："今天下大事"，可以判断此书成于战国时代，而《经法·六分》中多次提到"强国"、"中国"、"小国"，所反映的社会情形只能是强、中、小三类国家并存的战国中期或以前的景象。第二，从单词发展到复合词，是汉语词汇演变的一个重要规律。帛书中一些有代表性的词汇都是单词而非复合词，说明它们应写成于战国中期或以前。第三，以《孟子》、《庄子》两书中一些重要的特色词汇来看，帛书中亦有存在，并显得比《庄子》还要早一些。第四，帛书与《管子》的《心术》、《白心》、《内业》等篇从概念、语句到思想倾向都有诸多相似之处，帛书要比这些篇章显得更早。因此，帛书《黄帝书》至迟作成于战国中期，

是一部较《管子》等早出的著作。

[34] 如《帛书〈道原〉研究》（收入《古文献丛论》，上海远东出版社 1996 年版）、《申论〈老子〉的年代》（《古文献丛论》）、《马王堆帛书与〈鹖冠子〉》（《江汉考古》1983 年第 2 期）、《〈称〉篇与〈周祝〉》（《简帛佚籍与学术史》）、《范蠡思想与帛书〈黄帝书〉》（《简帛佚籍与学术史》）等。

[35] 赵吉惠、王博等也认为帛书《黄帝书》是战国中期以前的作品。见赵吉惠《关于"黄老之学"、〈黄帝四经〉产生时代考证》（《东北师大学报》1987 年第 3 期）、王博《论〈黄帝四经〉产生的地域》（《道家文化研究》第三辑）等文。

[36] 除董英哲等人外，陈鼓应亦主张帛书《黄帝书》可能是齐国稷下的作品，见其《关于〈黄老帛书〉四篇成书年代等问题的研究》一文，《马王堆汉墓研究文集》，湖南出版社 1994 年版。

[37] 陈鼓应《关于〈黄老帛书〉四篇成书年代等问题的研究》，《马王堆汉墓研究文集》，湖南出版社 1994 年版。

[38] 裘锡圭则称之为"道法家"，以与老子等道家相区别，见《马王堆〈老子〉甲乙本前后佚书与"道法家"》，《中国哲学》第 9 辑，三联书店 1983 年版。

[39] 陈鼓应《关于〈黄老帛书〉四篇成书年代等问题的研究》，《马王堆汉墓研究文集》，湖南出版社 1994 年版。

[40] 参见葛荣晋《试论〈黄老帛书〉的"道"和"无为"思想》（《中国哲学史研究》1981 年第 3 期）、魏启鹏《〈黄帝四经〉思想探原》（《中国哲学》第 4 辑）、吴光《关于黄老哲学的性质问题》（《学术月刊》1984 年第 8 期）、钟肇鹏《黄老帛书的哲学思想》（《文物》1978 年第 2 期）、陈鼓应《关于〈黄老帛书〉四篇成书年代等问题的研究》（《马王堆汉墓研究文集》）等文。

[41] 论述帛书《黄帝书》的军事思想的有高亨、董治安《〈十大经〉初论》（《历史研究》1975 年第 1 期）、余明光《黄帝四经与黄老思想》（人民出版社 1989 年版）、黄朴民《战国黄老学派及其军事思想》（《管子学刊》1994 年第 4 期）、程薇《帛书〈黄帝书〉的军事思想研究》（北京师范大学哲学系硕士论文）等。而崔永东的《帛书〈黄帝四经〉中的刑法思想》（《金文简帛中的刑法思想》，清华大学出版社 2000 年版）则对帛书《黄帝书》中的刑法思想进行了论述。

[42] 叶山《对汉代马王堆黄老帛书的几点看法》，《马王堆汉墓研究文集》第 16 页，湖南出版社 1994 年版。

[43] 荆门市博物馆《郭店楚墓竹简》，文物出版社 1998 年版。

[44] 如邢文《楚简〈五行〉试论》(《文物》1998 年第 10 期)、庞朴《竹帛〈五行篇〉比较》(《郭店楚简研究·中国哲学》第 20 辑)等。

[45] 陈松长《帛书〈刑德〉略说》,《简帛研究》第一辑。

[46] 张显成《〈马王堆古医书考释〉补正》,《湖南省博物馆四十周年纪念论文集》第 92 页,湖南教育出版社 1996 年版。

[47] 如史常永《马王堆汉墓医书考释》(《中华医史杂志》1993 年第 3 期)、张显成《〈马王堆古医书考释〉补正》(《湖南省博物馆四十周年纪念论文集》,湖南教育出版社 1996 年版)等。

[48] 如周世荣《从马王堆三号汉墓出土的导引图看五禽戏》(《五禽戏》,人民体育出版社 1978 年版)、唐兰《试论马王堆三号汉墓出土导引图》(《马王堆汉墓帛书导引图论文集》,文物出版社 1979 年版)、沈寿《西汉帛画〈导引图〉解析》(《文物》1980 年第 9 期)等。

[49] 如李学勤《引书与导引图》(《简帛佚籍与学术史》)、彭浩《〈导引图〉与〈引书〉》(《马王堆汉墓研究文集》,湖南出版社 1994 年版)等。

[50] 毛良《〈足臂十一脉灸经〉的"脉"是"经筋"吗?》,《中华医史杂志》1985 年第 4 期。何宗禹《马王堆帛书〈足臂十一脉灸经〉有关的问题再探》,《中华医史杂志》1984 年第 3 期。

[51] 马继兴《帛书〈脉法〉初探》,《河南考古辑刊》第 3 集,岳麓书社 1986 年版。毛良《古医书〈脉法〉诠释》,《上海中医药杂志》1983 年第 10 卷。

[52] 见何幼琦《试论〈五星占〉的时代和内容》,《学术研究》1979 年第 1 期。

[53] 见李学勤《记在美国举行的马王堆帛书工作会议》,《文物》1979 年第 11 期。

[54] 《中国测绘史》编辑部组稿《中国测绘学会会讯专刊中国测绘史料》第五期。

[55] 陈松长《帛书史话》第 167 页,中国大百科全书出版社 2000 年版。

[56] 朱桂昌《关于帛书驻军图的几个问题》,《考古》1979 年第 6 期。

[57] 傅举有《关于〈驻军图〉绘制的年代问题》,《考古》1981 年第 2 期。

[58] 马王堆汉墓帛书整理小组《马王堆三号汉墓出土驻军图整理简报》,《文物》1976 年第 1 期。詹立波《马王堆汉墓出土的守备图探讨》,《文物》1976 年第 1 期。

[59] 曹学群《论马王堆三地图的绘制年代》,《马王堆汉墓研究文集》,湖南出版社 1994 年版。同书所收熊传薪的《关于〈驻军图〉中的有关问题及其绘制年代》则认为这幅地图的绘制年代"应是吕后五年(前 183 年)南越攻打长沙国边境到汉文帝元年以前(前 180 年)罢兵以前所绘制的战争军事图"。

［60］见《马王堆汉墓研究文集》第 181 页。

［61］周世荣《马王堆三号汉墓地形图古城邑的调查》，《湖南考古辑刊》第 2 辑，岳麓书社 1984 年版；《马王堆汉墓帛书古地图城邑要塞调查记》，《文物天地》1986 年第 6 期。

［62］马王堆汉墓帛书整理小组《长沙马王堆三号汉墓出土地图的整理》，《文物》1975 年第 2 期。

［63］马王堆汉墓帛书整理小组《马王堆三号汉墓出土驻军图整理简报》，《文物》1976 年第 1 期。

［64］谭其骧《二千一百多年前的一幅地图》，《文物》1975 年第 1 期；《马王堆汉墓出土地图所说明的几个历史地理问题》，《文物》1975 年第 6 期。张修桂《马王堆〈驻军图〉主区范围辨析与论证》，《历史地理研究（一）》，复旦大学出版社 1986 年版；《马王堆出土"地形图"的若干历史地理问题探讨》，《历史地理》1986 年第 5 辑。

［65］王子今《马王堆汉墓古地图交通史料研究》，《江汉考古》1992 年第 4 期。

四 帛书研究的回顾与展望

　　早在 20 世纪 20 年代，著名学者王国维在《最近二三十年中国新发见之学问》一文中就已敏锐地指出："古来新学问起，大都由于新发见。"他根据自己在研究甲骨、金文等方面的体会，倡导"二重证据法"，从而为出土材料的研究开辟了一条通道。

　　帛书是出土材料的一个重要组成部分，人们常常将它与出土的简牍合称为"简帛"，两者都是古代重要的书写材料，其内容并无太大区别，因此我们可以把对帛书的回顾与展望放在整个简帛研究的背景中来考察。

　　我们知道，中国古代早已有各种有关出土文献的记载，特别是西汉时期的孔壁中书和西晋时期的汲冢竹书，对于中国古代学术的发展曾经起过深远的影响，其中的许多问题直到今日还为许多学者往复讨论。到了 20 世纪，特别是最近几十年来，随着全国各地大量简帛材料的出土，简帛的研究更是得到了长足发展。除了大量有关简帛方面的著述外，许多教学和科研单位纷纷成立相关的机构或组织相关的课题，如 1995 年 3 月，中国社会科学院简帛研究中心成立，编辑出版了《简帛研究》和《简帛译丛》两个刊物；1999 年 10 月，国际儒学联合会成立国际简帛研究中心，发行《国际简帛研究通讯》，同时设立相关网站"简帛研究"（网址为：www. bamboosilk. org）；同年，在李学勤的主持下，清华大学思想文化研究所和法学院等单位组织学者参加的"出土简帛与中国古代学术思想史"的研究项目也正式启动；而北京大学由邢文负责的"中国简帛学"专项课题亦在此年运作；2000 年 5 月，北京大学考古文博学院成立简帛研究中心等等。至于有关简帛研究的全国性或国际性会议更是频繁进行。这些情况表明，简帛研究已经成为一个世界性的课题，一个简帛研究的新时代已经到来。

简帛研究有它自己的角度和方法。大致说来，对于简帛文献的研究主要有两种途径：一种是古文字学和文献学的途径，以文字、音韵、训诂、校勘等方法，对佚籍进行研究考察；另一种是学术史的途径，就佚籍的思想内涵进行分析，辨章源流。这两种途径彼此补充、交相为用，没有前者则后者失其基础，流于浮泛；没有后者则前者不得引申，佚籍的重要意义无法显示出来[1]。当然，对简帛的研究不仅仅是内容与文字的研究，还要研究简帛本身以及在考古文化中的地位及其制度的变化等等。

至于简帛的研究方法，应该说是多种多样的，其中最重要的应是多学科结合并加以比较研究的方法（王国维的"二重证据法"本身就是出土文献与传世文献之间的比较研究）。简帛研究必须与文献学、古文字学、学术史、科技史等领域的研究相结合，在研究过程中注重互相比较、互相参证。比如将简帛与同墓葬出土的其他文物互相比较参证，以确定墓葬年代；同墓出土的各种简帛之间可以相互比较，以确定墓主的思想倾向；简帛研究还可以通过与地区文化的比较，从而揭示出不同地区的文化特征；不同墓葬出土的简帛、简帛与出土文物、简帛与传世文献等也可以进行比较，从而确定简帛佚籍的内容、时代及在学术史的地位等等。总之，通过不同学科、不同途径的比较研究，可以对简帛佚籍本身有更加明确的认识。

目前，简帛学的研究十分兴盛，成果也十分丰富，这是一个非常喜人的现象。当然，目前的简帛研究还可以有进一步改进的地方，例如：

（1）加强对文字的识读工作。研究简帛佚籍的前提是对这些珍贵材料的识读，先要把字辨认清楚，再对其中的含义进行实事求是的分析。如果文字的辨识有误，或者对其内容的理解不确，自然会直接影响到研究成果的科学性。然而有时候这种文字的辨识工作是非常艰难的，甚至对一些常见字的识读也要经过长时间的探研。如我们前面所介绍的那样，对于帛书《黄帝书》中第二篇篇名的认识，从一开始的"十大经"到"十六经"再到"经"，其间竟然用了二十多年的时间。至于其他简帛文字的释读，相信也会存在类似的问题。这就要求我们进一步加强文字、训诂等方面的工作。另外，虽然在简帛研究工作中，比较研究是一项非常重要的方法，但在研究过程中也应避免牵强附会和生搬硬套。

（2）加强对一些"冷门"简帛佚籍的研究工作。从总体上看，目前的简帛书籍研究正处于一个欣欣向荣的局面中，但是仔细分析一下，便会发现学者们对各种简帛研究的注意力与研究深度是参差不齐的。拿马王堆帛书《老子》甲乙本来说，《老子》由于有今本对照，加上郭店楚简《老子》的出土，学者们的研究兴趣自然十分浓厚；《老子》乙本前的帛书《黄帝书》与战国秦汉时期的黄老之学密切相关，也吸引了不少学者的目光；写在《老子》甲本之后的《五行》篇过去虽有庞朴等加以讨论，但总体而言关注的学者较少，近年因有郭店简《五行》篇可资对比，又重新引起了学术界的兴趣。相比之下，对

《五行》篇之后的《伊尹·九主》篇的研究就显得十分冷落，而《伊尹·九主》篇之后的《德圣》与《四行》两篇则几乎无人问津。足见对各种简帛佚籍的研究十分不平衡，希望在不远的未来这种局面能够有所改变。

（3）对简帛的版本学价值应该有清醒的认识。正如李学勤所指出的那样[2]，新发现的简帛书籍大多数是佚书秘籍，年代又这么古远，自然是不容置疑的善本。不过就有传本的几种而言，其与传本的不同，不一定是简帛本比传本好。有的简帛本由于抄手不够认真负责，错误极多；还有很多简帛文字是使用通假字而非本字等等。因此简帛本的出现，并不能完全取代今本。张政烺也指出，"近年来发现的一些古书，有竹简，也有帛书，都是极可珍贵的文物。其中有一些是失传已久的书，如竹简《孙膑兵法》、《秦律》、帛书《经法》等，价值最高。其中旧有传本的书，由于底本和抄手的好坏不一，其价值也有所不同。单以马王堆帛书而论，其中《老子》两本算是比较好的，有许多优点，但也有不少错误要用今本去校正，它不能排斥今本。《易经》的'六十四卦'和《系辞》抄写最坏，颠倒错乱，别字连篇，但是也还有可以校正今本的地方。这说明了对古本的优劣不能绝对化，更不能迷信古本。这些古书的出现，只是增加了校勘的资料，而不是免除了我们校勘的劳动"[3]。这两位先生的话是很令我们深思的。

（4）进一步加大当代科技成果在简帛保护、研究中的应用。简帛佚籍本身是非常珍贵的文物，尽量利用当代科技成果对其进行科学的保护是一项重要的工作。另外，简帛研究上也不妨使用一些现代科技的手段。当年楚帛书的研究之所以能够有一个崭新的局面，正是与科技手段的使用密切相关。当代简帛佚籍的文字释读、缀联乃至研究工作，似乎也应该多重视当代科技成果的应用。

（5）组织和协调学者们的研究工作。目前学者们对于简帛佚籍的研究有浓厚的兴趣，但是现在的研究基本上还处于分头作战的状态，如果能够对学者们的研究进行协调和组织，使研究力量得以合理分配，相信会对研究工作有很好的促进。

简帛佚籍的研究本身是一项长期性的重要工作，需要几代人甚至几十代人为之付出艰苦的努力，并不是一两代学者所能够完成的，因此我们对简帛佚籍的认识也必将随着考古的新发现及认识的不断深入而有所改变。虽然如此，简帛研究已经和正在显示出来的重要价值十分丰富。简帛佚籍是重要的古文字和古文献材料，对于古文字学和文献学的重要性是不言而喻的，对于考古学和古代史等学科研究也有很大的影响，但影响最大的应该说是对学术史的研究。李学勤曾将目前所见到的简帛佚籍对学术史的影响暂归为十个方面[4]，它们包括：

第一，对古书形成过程的了解。简帛书籍的出现，一个直接的结果是证明不少长期被斥为伪书的古籍实际是真的，或者一部分是真的。如《尉缭子》、《文子》等书，都已在考古中得以发现；又如《鹖冠子》一书虽未在简帛中发现，但其思想内容甚至用词遣句，多与帛书《黄帝书》一致，其为汉以前旧籍已经得到海内外学者所公认。长期以来这些所谓伪书基本上被置于学者的视野之外，它们的翻案，当然在不小的程度上扩大充实了学术史研究，为今后的学术史著作增加了题材和线索。更为重要的是，这些古书的由"伪"变真，意义尚不仅在具体几部书的可用，而是从方法论上揭示了过去辨伪工作的局限性，使人们认识到古书总是有其形成演变过程的，需要用动态的、历史的眼光去看古书，而不是简单地给古书戴上"伪书"的帽子。

第二，启发了推定古书年代的方法。简帛佚籍的发现，整理研究的学者必须探索其年代，一个是简帛抄写的年代，这可以出土简帛的墓葬、遗址的年代作为下限，同时参照共出器物加以估定。有的简帛文字中有绝对年代记载或标志，这就更不成问题。另一个是简帛内容的年代，这方面的推定就比较困难了。简帛的书写年代，应该说是成书年代的下限，但是简帛书籍内容的形成每每要比其抄写早得多。对简帛书籍成书年代的推定，可以运用文献学的分析方法，从书籍的内容来推测。推断时可以依据的因素较多，一个有效的因素是书中的引文。汉以前古书常互相援引，有的是明引，有的是暗引，也有几种书共引一书的。看哪一书是引用，哪一书是被引，即可知道其相对的先后。如果有一种能由考古材料知其下限，就能推断其大致的绝对年代。另外，如有一种能由内容知其绝对年代，也有利于推定一系列书的大致年代。

第三，经籍流传问题。秦代焚书坑儒，经学不绝如缕，到汉初才逐渐复兴。汉儒注重家法，对经籍从周到汉如何流传下来，有不少记述，为历代学者所遵信。现在看考古成果，入秦之后，直至汉惠帝除挟书令这段期间，墓葬所殉书籍，确实不出秦法限制的范围，可见秦政酷烈，执行相当彻底。从简帛中的经籍，我们认识到西汉时期经学的统绪要比过去由汉人记载中知道的复杂得多，因此我们的视野不能被汉儒的陈说所囿。

第四，关于儒家。儒家典籍在出土的简帛中有不少发现。除定州八角廊的儒家典籍外，帛书《老子》甲本后的《五行》篇有经有说，说中有世硕语，足证经文之早。这篇《五行》应出自《子思》，子思之学确实与曾子、孟子脉络相通，宋儒所论还是有其根据的。而郭店楚简及上海博物馆所藏楚简等材料更是为先秦儒家的全面研究提供了丰富的内容。

第五，道家的新认识。老子是楚苦县人，其学广被于楚，因此近年楚地所出战国至秦汉简帛，道家著作特别多是不足为奇的。其中帛书《黄帝书》的发现不仅解开了古书常见的"黄老"之谜，更重要的是表明先秦黄老之学的主流和庄列一系的隐逸思想大相径庭。《庄子》也不像有些学者主张的那样晚，江陵、阜阳等地出土的竹简《庄子》，均属前人认为最晚的杂篇。杂篇是引有内篇文字的，所以内篇很可能出于庄子本人。总起来看，先秦至汉初道家的材料业已大为丰富，以新的观点重写道家历史，条件是成熟了。

第六，关于墨家。有关墨家的新材料虽然不多，但信阳长台关1号楚墓的第一组简应是《墨子》佚篇。这座墓的年代与墨子所处时代距离不远，而同这一佚篇近似的《墨子》若干篇章，前人都以为较晚，其观点应当修正。另外，银雀山汉简的《守法》曾袭用《墨子》里的《备城门》与《号令》。《守法》是先秦时期的作品，因而《备城门》等篇的年代也不会太晚，估计形成于秦惠王或略迟的时候。因此，《墨子》全书的年代应比过去推测的要早一些。

第七，纵横家方面。新发现的简帛中也有不少材料与纵横家有关，特别是帛书《战国纵横家书》，对于纵横家的研究意义十分重大。另外，经过与简帛佚籍对照，《鬼谷子》的一部分也是真的古书，宋王应麟提出《鬼谷子》就是《汉书·艺文志》的《苏子》，这个意见在一定程度上是值得考虑的。

第八，兵家的再估价。新发现的简帛佚籍，属于兵家的不少，如银雀山汉简《吴孙子》、《齐孙子》、《尉缭子》等，为重新认识古代兵家准备了良好的条件。

第九，阴阳数术盛行时代的提早。《汉书·艺文志》于《诸子略》列阴阳家，后面又专设《数术略》，足见阴阳数术从理论到行为均甚兴盛。前人一般认为这是汉代才有的现象，现在了解这种看法失之过晚。从楚帛书看，早在战国中晚期，数术已经颇为发展。数术所反映的阴阳四时五行的宇宙论，在古代历史上有非常古老的始源。简帛佚籍中的数术书，涵括了《汉志》划分的各个数术门类，还有一些按《汉志》应划入《兵书略》的兵阴阳类。这类书籍的大量发现，为学术史研究开拓了一块新领域。

第十，方技类图书的大量发现。《汉志》中划为方技的医书在简帛佚籍中发现很多，如《五十二病方》、《脉书》等，后者与《内经·灵枢》的《经脉》有密切关系，其珍贵自不待言，这为进一步研究《内经》的时代和源流提供了新的契机。同属方技类的还有一些房中书等，内容亦很重要。《汉志》所收数术书，几乎全部亡佚了，方技书也佚失泰半。只是在简帛佚籍陆续发现以后，我们才有可能就此做超越前人的探索。

陈寅恪曾经说过："一时代之学术，必有其新材料与新问题。取用此材料，以研求问题，则为此时代学术之新潮流。治学之士，得预于此潮流者，谓之预流（借用佛教初果之名）。其未得预者，谓之未入流。此古今学术史之通义，非彼闭门造车之徒所能同喻者也。"[5]拿陈寅恪此言来反观今日古代文史研究的情况，不难看出，对于简帛的研究正是"此时代学术之新潮流"，有的学者甚至以"简帛时代"来称呼今日的学术思潮。正如《国际简帛研究通讯》第一辑的发刊词中所说的那样："简帛时代呼唤新世纪的大师。"衷心祝愿在不远的将来能有更多的人加入到简帛研究的队伍中，简帛研究能够有更多更好的成果面世。

注　释

［1］李学勤《对古代学术史的重新思考》，《中国史研究》1991 年第 1 期。

［2］李学勤《新出简帛与学术史》，《简帛佚籍与学术史》，时报文化出版公司 1994 年版。

［3］张政烺《〈春秋事语〉解题》，《文物》1977 年第 1 期。

［4］李学勤《新发现简帛对学术史的影响》，《道家文化研究》第 18 辑，三联书店 2000 年版。

［5］《陈垣敦煌劫余录序》，《金明馆丛稿二编》，上海古籍出版社 1980 年版。

参考文献（楚帛书部分）

1. 蔡季襄《晚周缯书考证》（附摹本），1944 年石印本，艺文印书馆 1972 年重印本。

2. 蒋玄佁《长沙（楚民族及其艺术）》卷二《绢画》（附摹本），上海今古出版社 1950 年版。

3. 陈槃《先秦两汉帛书考》，附录《长沙楚墓绢质彩绘照片小记》（附摹本），《中央研究院历史语言研究所集刊》第 24 本，1953 年。

4. 郭沫若《关于晚周帛书的考察》，《人民文学》1953 年第 11 期。

5. 饶宗颐《长沙楚墓时占神物图卷考释》（附摹本），香港大学《东方文化》第 1 卷第 1 期，1954 年。

6. 饶宗颐《帛书解题》（日文，附摹本），比野丈夫译，日本平凡社《书道全集》第 1 卷，1954 年。

7. 梅原末治《近时出现的文字资料》（日文，其中第四节《长沙的布帛文书与竹简》为楚帛书部分），1954 年。

8. 董作宾《论长沙出土之缯书》，《大陆杂志》第 10 卷第 6 期，1955 年。

9. 《文物参考资料》1955 年第 7 期图版二十四。

10. 泽谷昭次《长沙楚墓时占神物图卷》（日文），日本河出书房《定本书道全集》卷一，1956 年。

11. 饶宗颐《长沙出土战国缯书新释》，《选堂丛书》之（四），香港义友昌记印务公司，1958 年。

12. 巴纳《楚帛书初探——文字之新复原》（英文，附棋格式模本），《华裔杂志》第 17 卷，1958 年。

13. 李学勤《战国题铭概述（下）》，《文物》1959 年第 9 期。

14. 陈世辉《读〈战国题铭概述〉》，《文物》1960 年第 1 期。

15. 李学勤《补论战国题铭的一些问题》，《文物》1960 年第 7 期。

16. 金关丈夫《楚帛书上之神像》（日文）（据饶宗颐《楚缯书十二月名核论》所引），1961 年。

17. 钱存训《书于竹帛》（英文，第 6 章为《长沙帛书》），美国芝加哥大学出版社 1962 年版。

18. 郑德坤《中国考古》（英文，第 3 册《周代》第 15 章《帛书》），英国剑桥大学出版社 1963 年版。

19. 安志敏、陈公柔《长沙战国缯书及其有关问题》，《文物》1963 年第 9 期。

20. 商承祚《战国楚帛书述略》，《文物》1964 年第 9 期。

21. 林巳奈夫《长沙出土战国帛书考》，《东方学报》第 36 册第 1 分，1964 年。

22. 李棪《楚国帛书中间两段韵文试读》（油印本，为作者于伦敦大学东方非洲学院演讲稿），1964 年。

23. 李棪《楚国帛书文字近二十年研究之总结》（据严一萍《楚缯书新考》所引，发表年月未详）。

24. 饶宗颐《楚缯书十二月名核论》，《大陆杂志》第 30 卷第 1 期，1965 年。

25. 林巳奈夫《〈长沙出土战国帛书考〉补正》，《东方学报》第 37 册，1966 年。

26. 林巳奈夫《中国古代的神巫》，《东方学报》第 38 册，1967 年。

27. 赛克勒《赛克勒所藏楚帛书》（英文），纽约，1967 年。

28. 李棪《楚国帛书诸家隶定句读异同表》（稿本），1968 年。

29. 严一萍《楚缯书新考》，《中国文字》第 26、27、28 册，1967 年、1968 年。

30. 金祥恒《楚缯书"霝虘"解》，《中国文字》第 28 册，1968 年。

31. 饶宗颐《楚缯书之摹本及图像——三首神、肥遗与印度古神话之比较》,《故宫季刊》3卷2期,1968年。

32. 饶宗颐《楚缯书疏证》,《中央研究院历史语言研究所集刊》第40册（上）,1968年。

33. 陈槃《〈楚缯书疏证〉跋》,《中央研究院历史语言研究所集刊》第40册（上）,1968年。

34. 唐健垣《楚缯书文字拾遗》,《中国文字》第30册,1968年。

35. 巴纳《楚帛书》（英文）,纽约,1970年。

36. 巴纳《楚帛书文字的韵与律》（英文）,堪培拉,1971年。

37. 李棪《评巴纳〈楚帛书文字的韵与律〉》,香港中文大学《中国文化研究所学报》第4卷第2期,1971年。

38. 巴纳《对一部中文书——楚帛书进行释读、翻译和考证之前的科学鉴定》（英文）,堪培拉,1971年。

39. 林巳奈夫《长沙出土楚帛书的十二神的由来》,《东方学报》第42册,1971年。

40. 巴纳《楚帛书及其它古代中国出土文书》,载哥伦比亚大学学术讨论会论文集《古代中国艺术及其在太平洋地区之影响》册一（英文）,纽约,1972年。

41. 吉恩·梅蕾（Jean E. Mailey）:《从先秦两汉丝织品工艺推测楚帛书之质地》,哥伦比亚大学学术讨论会论文集《古代中国艺术及其在太平洋地区之影响》册一（英文）,纽约,1972年。

42. 饶宗颐《从缯书所见楚人对于历法、占星及宗教观念》,哥伦比亚大学学术讨论会论文集《古代中国艺术及其在太平洋地区之影响》册一（英文）,纽约,1972年。

43. 林巳奈夫《长沙出土战国帛书十二神考》,哥伦比亚大学学术讨论会论文集《古代中国艺术及其在太平洋地区之影响》册一（英文）,纽约,1972年。

44. 郭沫若《古代文字的辩证之发展》,《考古学报》1972年第1期。

45. 巴纳《楚帛书——翻译和注释》（英文）,堪培拉,1973年。

46. 湖南省博物馆《长沙子弹库战国木椁墓》,《文物》1974年第

2 期。

47: 钱存训《中国古代书史》（系据《书于竹帛》一书增订而成。有关楚帛书的部分为第六章《帛书》），香港中文大学出版社，1975 年。

48. 庄富良《春秋战国楚器文字研究》（第七章第六节为《缯书》部分），香港中文大学研究院语言文学部硕士论文，1975 年。

49. 吉田光邦《神话的世界》，世界文明史、世界风物志联合编辑小组《古代中国》，地球出版社 1978 年版。

50. 许学仁《先秦楚文字研究》（该书上编第二章《楚缯书概述》、下编《考释篇》、附编《楚缯书诸家隶定句读异同表》、《楚缯书单字合文检字表》为主要与楚帛书有关的资料），台湾师范大学国文研究所硕士论文，1979 年。

51. 曾宪通《楚月名初探》，《中山大学学报》（社会科学版）1980年第 1 期。

52. 俞伟超《关于楚文化的新探索》，《江汉考古》1980 年第 1 期。

53. 李学勤《谈祝融八姓》，《江汉论坛》1980 年第 2 期。

54. 陈邦怀《战国楚帛书文字考证》，《古文字研究》第 5 辑，1981年。

55. 曾宪通《楚月名初探——兼谈昭固墓竹简的年代问题》，《古文字研究》第 5 辑，1981 年。

56. 李学勤《论楚帛书中的天象》，《湖南考古辑刊》第 1 辑，1982年 12 月。

57. 周世荣《湖南楚墓出土古文字丛考》，《湖南考古辑刊》第 1 辑，1982 年 12 月。

58. 庄申《楚帛书上的绘画》，《百姓》（香港）第 41 期，1983 年 2月。

59. 许学仁《楚文字考释》，《中国文字》新第 7 期，1983 年。

60. 陈梦家《战国楚帛书考》，《考古学报》1984 年第 3 期。

61. 李学勤《东周与秦代文明》（第三十七章《帛书、帛画》），文物出版社 1984 年版。

62. 楚文化研究会《楚文化考古大事记》(《长沙楚墓出土帛画》),文物出版社 1984 年版。

63. 李学勤《楚帛书中的古史与宇宙观》,张正明主编《楚史论丛》初集,湖北人民出版社 1984 年版。

64. 曹锦炎《楚帛书〈月令〉篇考释》,《江汉考古》1985 年第 1 期。

65. 吴九龙《简牍帛书中的"夭"字》,《出土文献研究》,文物出版社 1985 年版。

66. 李零《长沙子弹库战国楚帛书研究》,中华书局 1985 年版。

67. 饶宗颐、曾宪通《楚帛书》(其中包括饶宗颐的《楚帛书新证》、《楚帛书十二月名与〈尔雅〉》、《楚帛书之内涵及其性质试说》、《楚帛书之书法艺术》,曾宪通的《楚帛书研究四十年》、《楚帛书文字编》等文章,并附图版),香港中华书局 1985 年版。

68. 高明《楚缯书研究》,《古文字研究》第 12 辑,1985 年。

69. 何琳仪《长沙帛书通释》,《江汉考古》1986 年第 1、2 期。

70. 朱德熙《长沙帛书考释》(五篇),中国古文字研究会第六届年会论文,1986 年;另收于《古文字研究》第 19 辑。

71. 杨宽《战国史》(第十一章第六节《月令的五行相生说和邹衍的五德终始说》为关于帛书之部分),谷风出版社 1986 年版。

72. 李学勤《长沙楚帛书通论》,《楚文化研究论集》第 1 集,荆楚书社 1987 年版。

73. 高明《中国古文字学通论》(第八章第二节《缯书》),文物出版社 1987 年版。

74. 李学勤《再论楚帛书十二神》,《湖南考古辑刊》第 4 辑,1987 年。

75. 蔡成鼎《帛书〈四时篇〉读后》,《江汉考古》1988 年第 1 期。

76. 周凤五《书法》(第一章图版三十一),幼狮文化事业公司 1988 年版。

77. 陈秉新《长沙楚帛书文字考释之辨正》,《文物研究》1988 年第 4 期。

78．巴纳《缯书周边十二肖图研究》（英文），《中国文字》新 12 期，1988 年。

79．李零《〈长沙子弹库战国楚帛书研究〉补正》，中国古文字研究会成立十周年纪念论文，1988 年。另收于《古文字研究》第 20 辑。

80．连劭名《商代的四方风名与八卦》，《文物》1988 年第 11 期。

81．中国历史博物馆编《中国古代史参考图录》（战国时期），上海教育出版社 1989 年版。

82．何琳仪《长沙帛书通释校补》，《江汉考古》1989 年第 4 期。

83．李学勤《谈祝融八姓》，《李学勤集》，黑龙江教育出版社 1989 年版。

84．林进忠《长沙战国楚帛书的书法》，《台湾美术》1989 年第 6 期。

85．李学勤《长沙子弹库第二帛书探要》，《江汉考古》1990 年第 1 期。

86．徐山《长沙子弹库战国楚帛书行款问题质疑》，《考古与文物》1990 年第 5 期。

87．李零《楚帛书目验记》，《文物天地》1990 年第 6 期。

88．连劭名《长沙楚帛书与卦气说》，《考古》1990 年第 9 期。

89．许进雄《中国古代社会》（第十八章《祭祀与迷信》），台湾商务印书馆 1990 年版。

90．来新夏等《中国古代图书事业史》（第一章第二节之一《简策与书写工具》），上海人民出版社 1990 年版。

91．饶宗颐《楚帛书天象再议》，《中国文化》第 3 期，1990 年 12 月。

92．李零《楚帛书与式图》，《江汉考古》1991 年第 1 期。

93．连劭名《长沙楚帛书与中国古代的宇宙论》，《文物》1991 年第 2 期。

94．袁珂《中国神话史》，时报文化出版社 1991 年版。

95．张光直《论殷代的"亚形"》，收入宋文薰等主编《考古与历史文化》（上）《庆祝高去寻先生八十大寿论文集》，正中书局 1991 年版。

96．李零《式与中国古代的宇宙模式》，《中国文化》第 4 期，1991年 8 月。

97．萧兵《楚〈十二月神帛书〉与〈天问〉》，《楚辞文化破译》，湖北人民出版社 1991 年版。

98．陈月秋《楚系文字研究》，东海大学中国文学研究所硕士论文，1992 年。

99．李零《简牍帛书研究》，《中国考古学年鉴（1991 年）》，文物出版社 1992 年版。

100．《中国古文明大图集》（第二部《神农》第十一章《物候定时·古老的物候历》），宜新文化事业有限公司、乐天文化（香港）公司联合出版，1992 年。

101．严文郁《中国书籍简史》（第三章第二节之四《长沙缯书及帛画》），台湾商务印书馆 1992 年版。

102．商志𩂺《商承祚教授藏长沙子弹库楚国帛书残片》，《文物天地》1992 年第 6 期。

103．商志𩂺《记商承祚教授藏长沙子弹库楚国残帛书》，《文物》1992 年第 11 期。

104．饶宗颐《长沙子弹库残帛文字小记》，《文物》1992 年第 11 期。

105．李学勤《试论长沙子弹库楚帛书残片》，《文物》1992 年第 11期。

106．萧艾《〈长沙战国楚缯书新论〉自叙》，《湖南文献》21 卷 1 期总号 81，1993 年。

107．萧艾《长沙战国楚缯书新论》（引自萧艾《〈长沙战国楚缯书新论〉自叙》一文，原书未见）。

108．曾宪通《长沙楚帛书文字编》，中华书局 1993 年版。

109．李零主编《中国方术概观》（该丛书的《选择卷》上册第一部分为《楚帛书》之介绍），人民中国出版社 1993 年版。

110．饶宗颐、曾宪通《楚地出土文献三种研究》（其中含饶宗颐《楚帛书新证》、《论楚帛书之二气与魂魄二元观念及汉初之宇宙生成论》、《楚帛书十二月名与〈尔雅〉》、《楚帛书之内涵及其性质试说》、《楚帛书象纬解》、《帛书丙篇与日书合证》、《楚帛书之书法艺术》，以及曾宪通《楚月名初探——兼谈昭固墓竹简的年代问题》、《楚帛书研究述要》等文章，并附图版），中华书局 1993 年版。

111. 李零《中国方术考》（第 3 章《楚帛书与日书：古日者之说》第一部分《楚帛书》），人民中国出版社 1993 年版。

112. 刘信芳《楚帛书与天问类证》，《楚文化研究论丛》第 3 辑，湖北人民出版社，1994 年。

113. 刘信芳《中国最早的物候历月名——楚帛书月名及神祇研究》，《中华文史论丛》第 53 辑，上海古籍出版社 1994 年版。

114. 刘彬徽《楚帛书出土五十周年纪论》，《楚文化研究论集》第 4 辑，湖北人民出版社 1994 年版。

115. 李零《楚帛书的再认识》，《中国文化》第 10 辑。

116. 伊世同、何琳仪《平星考——楚帛书残片与长周期变星》，《文物》1994 年第 6 期。

117. 李运富《楚国简帛文字资料综述》，《江汉考古》1995 年第 4 期。

118. 李零《古文字杂识》，《国学研究》第三卷，北京大学出版社 1995 年版。

119. 冯时《楚帛书研究三题》，《于省吾教授百年诞辰纪念文集》，吉林大学出版社 1996 年版。

120. 李运富《楚国简帛文字研究概观》，《江汉考古》1996 年第 3 期。

121. 李运富《楚国简帛文字构形系统研究》，岳麓书社 1997 年版。

122. 周凤五《子弹库帛书"热气仓气"说》，《中国文字》新二十二期。

123. 吴振武《楚帛书"夸步"解》，《简帛研究》第二辑，法律出版社 1996 年版。

124. 郑刚《楚帛书中的星岁纪年和岁星占》，《简帛研究》第二辑，法律出版社 1996 年版。

125. 王志平《楚帛书月名新探》，《华学》第 3 辑，紫禁城出版社，1998 年。

126. 邢文《〈尧典〉星象、历法与帛书〈四时〉》，《华学》第 3 辑，紫禁城出版社 1998 年版。

127. 江林昌《子弹库楚帛书"推步规天"与古代宇宙观》，《简帛研究》第三辑，广西教育出版社，1998 年。

128. 李零《读几种出土发现的选择类古书》，《简帛研究》第三辑，广西教育出版社，1998 年。

129. 曾宪通《楚帛书文字新订》，《中国古文字研究》，吉林大学出版社 1999 年版。

130. 曾宪通《楚帛书神话系统试说》，"第二届中国文学国际研讨会——纪念闻一多先生百周年诞辰"论文，1999 年。

131. 陈松长《帛书史话》，中国大百科全书出版社 2000 年版。

（据曾宪通《楚帛书历年研究论文目录》编）

后　　记

　　本书是一部以总结古代帛书研究成果为目标的著作，所涉及的论著截止至 2000 年。在写作过程中，笔者一直要求自己以一种客观的态度加以叙述，尽量不为自己的私见所左右。学者们的一些见解现在看起来已经过时或不符合实际情况，但为了让读者了解帛书研究的发展情况，书中仍然予以介绍。

　　在本书撰写过程中，笔者始终得到导师李学勤先生和葛兆光先生的关心和帮助，本书的最后一章实际上是总结了李学勤先生有关简帛研究的意见。

　　曾宪通先生多年潜心研究楚帛书，是楚帛书研究方面的权威，当他得知笔者在进行楚帛书研究的总结工作时，慨然将其搜集的楚帛书研究著述目录赠与笔者。本书在撰写过程中借鉴了许多先生们的研究成果，特别是曾宪通先生和李零先生有关楚帛书的总结工作。至于帛书《周易》与马王堆帛书的介绍方面，则采用了廖名春先生和陈松长先生的许多意见。

　　此外，廖名春先生多次将自己珍藏的帛书研究著作借与笔者。本书的撰写还得到刘乐贤、王泽文、黄振萍、皮庆生、汪贵海、杨健等朋友的热心帮助。没有他们的帮助，本书也不能如此顺利地完成。

在此谨向所有关心和帮助本书撰写工作的师长和朋友致以诚挚的谢意。

由于笔者的水平，本书一定存在不少疏漏和错误之处，恳请广大读者予以批评指正。

图书在版编目（CIP）数据

古代帛书/刘国忠著． --北京：文物出版社，2004.12
（2020.11重印）
（20世纪中国文物考古发现与研究丛书）
ISBN 978-7-5010-1572-6

Ⅰ.古… Ⅱ.刘… Ⅲ.帛书-研究-中国-古代
Ⅳ.K877.94

中国版本图书馆CIP数据核字（2004）第003068号

20世纪中国文物考古发现与研究丛书

古代帛书

著　　者	刘国忠	
封面设计	张希广	
责任印制	王　芳	
责任编辑	张庆玲	
重印编辑	宋　丹	
出版发行	文物出版社	
社　　址	北京市东直门内北小街2号楼	
网　　址	http：//www.wenwu.com	
邮　　箱	web@wenwu.com	
印　　刷	文物出版社印刷厂有限公司	
开　　本	850mm×1168mm　　1/32	
印　　张	7.25	
版　　次	2004年12月第1版	
印　　次	2020年11月第2次印刷	
书　　号	ISBN 978-7-5010-1572-6	
定　　价	40.00元